Marian Green

Ritualmagie

Edition Roter Löwe

Der rote Löwe verkörpert die belebende, antreibende Energie von Sulfur, einem der Grundelemente im alchimistischen Transmutationsprozeß. Sulfur ist die Kraft, die verändert, veredelt und auf eine höhere Ebene bringt. Ziel dieser Edition ist es, esoterisches Wissen und Erkenntnisse aus der transpersonalen Psychologie verständlich und komprimiert darzustellen und damit ganz persönliche Wandlungsprozesse in Gang zu bringen. Alle Bücher enthalten Übungen und Anleitungen für die praktische Arbeit.

In derselben Reihe:
Alchimie
Buddhismus
Die Chakras
Die Göttin
Der Gral
Die Kabbala
Naturmagie
Pendeln
Psychosynthese
Sufi-Praxis
Taoismus
Visualisieren
Zen

Marian Green

Ritualmagie

Edition Roter Löwe im
AURUM VERLAG · BRAUNSCHWEIG

Die englische Originalausgabe erschien 1990 unter dem Titel »The Elements of Ritual Magic« im Verlag Element Books Ltd., Longmead, Shaftesbury, Dorset.

Ins Deutsche übersetzt von Ingrid O. Fischer.

Gesamtgestaltung: Sabine Schönauer-Kornek.
Titelillustration: Vinzent Liebig.

Die Deutsche Bibliothek – CIP-Einheitsaufnahme

Green, Marian:
Ritualmagie / Marian Green. [Aus dem Engl. übers. von Ingrid O. Fischer]. – Braunschweig : Aurum-Verl., 1993
(Edition Roter Löwe)
Einheitssacht.: The elements of ritual magic <dt.>
ISBN 3-591-08323-2

1993
ISBN 3-591-08323-2

Gesamtherstellung:
Chemnitzer Verlag und Druck GmbH, Werk Zwickau

Inhalt

Dieses Buch ist in Liebe und mit all meinem Segen
R.W.S. gewidmet,
der mit mir so viele magische Ereignisse,
Katastrophen und aufregende Erfahrungen geteilt hat.

Einführung

Misch dich nicht in die Angelegenheiten von Zauberern, denn sie sind schwierig und leicht zu verärgern.

Der Herr der Ringe
J.R.R. Tolkien

»Ritual« und »Magie« – zwei faszinierende Worte, aber was haben sie mit dem Leben in unserer modernen Welt zu tun? Gibt es außerhalb von Filmen und Büchern tatsächlich Zauberer und Magier? Kann denn Magie in diesem technologischen Zeitalter überhaupt funktionieren? Wie kann ein Lernender Fortschritte auf dieser geheimnisvollen Straße zur Beherrschung der alten Arkanen verborgener Traditionen machen, über die uns die Geschichte erzählt, daß sie im alten Ägypten, in Chaldea und in der gesamten klassischen Welt Griechenlands und Roms eine Blüte erfuhr?

Natürlich gibt es die Mysterien noch. Heute können wir uns den verborgenen Pfaden, der okkulten Beherrschung des Geistes und der offenen Hand, den geheimen Künsten der Heilung und Divination und ihrer Anwendung viel leichter nähern und sie besser verstehen; noch nie zuvor wurde dieses Thema einer breiten Öffentlichkeit so zugänglich gemacht wie heute. In diesem Zeitalter der Technologie und der allgemein zugänglichen Informationen, stehen die Tore des Wissens für jedermann offen. Das Problem für die Suchenden ist nicht so sehr, welche ersten Schritte auf diesem fesselnden Weg sie wählen sollen, sondern sich zu entscheiden, welcher Pfad der sicherste ist, die

DER KREIS DER MAGIE

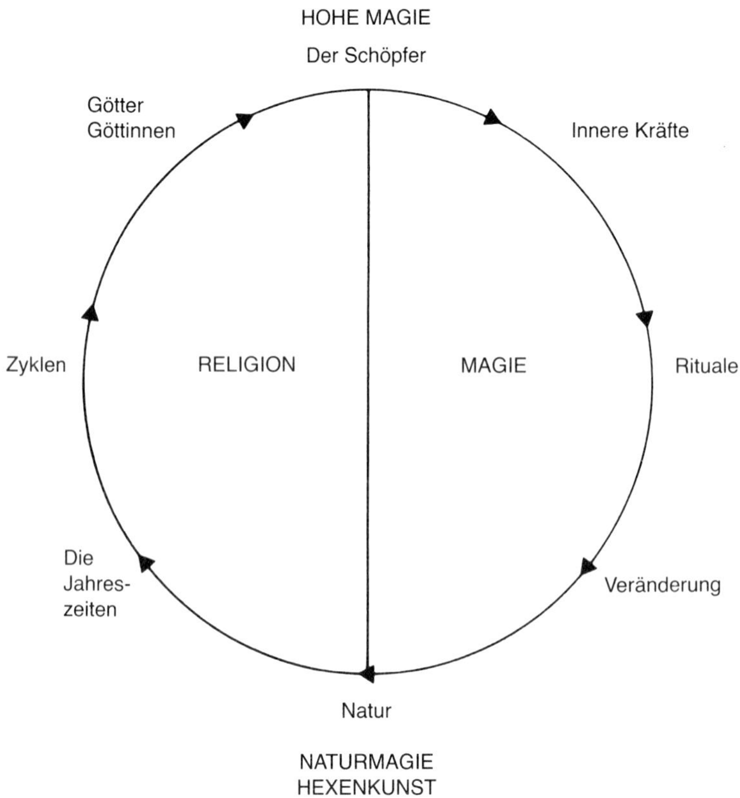

klarste und geradeste Strecke auf der Schnellstraße zu den inneren Welten. Unser gesunder Menschenverstand scheint uns manchmal zu warnen, daß Magie gefährlich sei und daß die Tore zu den tieferen Ebenen der Wahrnehmung, wo sich die verborgenen Kräfte auf der mundanen Ebene manifestieren können, nicht so leichtfertig aufgestoßen werden sollten. Dennoch gibt es einen inneren Drang, den viele unter uns teilen, diese Reiche des noch nie zuvor Gesehenen zu betreten und jene dunklen Orte außerhalb unserer Alltagsexistenz zu erforschen.

Neugierde war schon immer, seit uralten Zeiten, eine Antriebskraft für den Menschen und hat den Suchenden angeregt, die Fassade der Religion zu hinterfragen und durch die gewohnten religiösen Praktiken zum inneren Kern ihrer Macht und Magie vorzustoßen. Die meisten vorchristlichen Religionen hatten ihre magischen Aspekte, und die Wissenschaften und Technologien vergangener Zeitalter arbeiteten Hand in Hand mit der Priesterschaft, die die Macht hatte, zu heilen, in die Zukunft zu sehen, Rituale zu leiten, in denen sich die Götter sichtbar vor den Verehrenden manifestierten, die Lebensgeschichten der Gottheiten in Dramen darzustellen, ihr Sprachrohr oder Orakel zu sein und auf diese Weise die Menschen zu lenken.

Jahreszeitliche Feste brachten dem Land Glück, Leben und Fruchtbarkeit. Es gab Riten, die den Übergang vom Kind zum Erwachsenen, vom Unverheirateten zum Ehegatten, vom namenlosen zum getauften Kind markierten und in einem anderen Reich, unsichtbar für die Hinterbliebenen, den Übergang vom lebenden Menschen zum lebenden Geist. Es wurden Feiern für die Rückkehr der Helden abgehalten, für eine erfolgreiche Reise, für eine reiche Ernte und die Geburt eines Kindes, und rituelle Dankopfer wurden durch Verbrennen von Weihrauch und durch Kampf- oder Geschicklichkeitspiele dargebracht. Heute sind unsere öffentlichen Rituale auf die matten Gottesdienste in den Kirchen beschränkt, die so oft ihrer Kraftworte, ihrer inspirierenden Musik, ihrer magischen Wandlung von Brot in Fleisch und von Wein in Blut beraubt sind.

Großbritannien hat einiges von seinem Erbe an Volksfesten erhalten: die heidnischen Überreste der Volksmagie, die man in den Morris-Tänzen, beim Schmücken und Weihen von Brunnen, bei Krönungszeremonien und Staatsbegräbnissen sieht. Wenn man lernt, die Symbole, Gesten und halbvergessenen Handlungen zu lesen, kann man Fragmente eines reichhaltigen rituellen Lebens entdecken, das einst ein äußerst wichtiger Aspekt bei allen zeremoniellen Gelegenheiten war. Sehen Sie sich die schweren Pferde an, die den Bierwagen ziehen, ihr magisches Messinggeschirr mit den alten Symbolen von Sonne und Mond, um Böses abzuwehren; beachten Sie die mondförmigen Abdrücke ihrer eisernen Hufbeschläge, die als Glücksbringer an die Tür genagelt werden und die vier Aspekte der Mondgöttin repräsentieren, die in der Vergangenheit in jedem Land als heilig verehrt wurde. Denken Sie an die magische Kunst des Hufschmieds, der in der Legende oft als Verwandter des Teufels angesehen wird und der das harte Eisen formt und Böses bannt.

Unser Erbe enthält viele Juwelen alter Weisheit und Kraft, die einst von der Priesterschaft des Landes sorgsam bewacht und geheimgehalten wurden, jetzt aber zu abergläubischen Riten abgewertet sind, in halberinnerten Tänzen und völlig verwässerten Legenden, in denen die Könige und Zauberer, Dichter und Helden das Drehbuch für die Filme des nächsten Jahres liefern. Dennoch können die Schlüssel immer noch gefunden werden; ihre Kraft wartet darauf, entdeckt zu werden, und heutzutage sind Training, praktische Unterweisung und mentale Disziplinen wesentlich leichter zugänglich als jemals zuvor. Schwer und langwierig jedoch ist der Vorgang, den inneren Geist zu trainieren und die verborgenen Ebenen des Bewußtseins zu wecken, auf denen dann die verstreuten Hinweise und Schlüssel gesammelt und zu einem strahlenden Tuch der offenbarten Mysterien gewebt werden. Man muß viele praktische Fertigkeiten meistern, die der Hand und die des Auges, die der Geduld und Ausdauer und auch solche, die die Grenzen der eigenen Fähigkeiten erkennen. Die Kraft gibt es noch immer, die Riten können neu kreiert und an die Gegebenheiten des zwanzigsten Jahrhunderts angepaßt werden. Wie vor Tausenden von Jahren wachsen und verändern wir uns immer noch gleich wie alle anderen lebenden organischen Systeme.

Viele Leute informieren sich über rituelle oder zeremonielle Magie aus Romanen oder historischen Texten über längst vergessene Bruderschaften und Geheimbünde mit mysteriösen Einweihungen oder aus Büchern über Zauberer, alte oder futuristische, die ihre sonderbaren Kräfte zum Guten oder Bösen einsetzen. Manche hören von modernen Hexenkulten, haben aber das Gefühl, daß der Coven (eine Gruppe von Hexen), der mit seiner heidnisch-religiösen Ausrichtung der Göttin und dem Gott mit ihren mannigfaltigen Gesichtern gewidmet ist, doch nicht so ganz der rechte Weg für sie ist. Andere lesen über den viktorianischen Orden des Golden Dawn (der Goldenen Morgendämmerung) und rätseln vielleicht, ob er noch immer existiert, ob er sie vielleicht aufnehmen würde, und machen daher kaum einen Fortschritt.

Dieses Buch will Ihnen sagen: »Ja, einige der alten Orden gibt es noch immer, und neue Mitglieder sind willkommen – aber sie nehmen keine völligen Neulinge auf und auch keine Möchtegerne mit hochfliegenden und romantischen Visionen von großen Magiern.« Es gibt eine Anzahl von Gesellschaften in Großbritannien, die Schulungen oder Kurse mit echter, ernstzunehmender magischer Unterweisung anbieten und Schüler, die während der langen Noviziatenzeit, der langweiligen Meditationen, des Trainings in den inneren Reisen, der Meisterung von vielen grundlegenden Geschicklichkeiten und der Aneignung einer Menge esoterischen Wissens nicht aufgeben, durch das Labyrinth zum inneren Sanktum führen. Aber es wird nie genügend Schulen geben. Nie werden ernsthaft Suchende eine leicht zugängliche Loge in jeder Stadt finden, die ihnen das, was sie suchen, anbieten – zumindest viele Jahrzehnte lang nicht. Magische Orden, die einen Wert haben, waren schon immer schwer zu finden, es gab immer nur wenige, und sie können jährlich nur eine begrenzte Anzahl von Neulingen aufnehmen. Es ist nicht sehr wahrscheinlich, daß sich diese Situation entscheidend ändern wird, außer wenn die, die jetzt Suchende sind, sich ernsthaft der Aufgabe widmen, nicht nur kompetente Magier zu werden, sondern auch die zusätzliche, schwierige Aufgabe auf sich nehmen, andere zu lehren.

In den erhabenen Grenzen einer durchorganisierten, magischen Loge zu arbeiten, ist eine großartige und privilegierte Erfahrung. Das gleiche gilt für initiierte Hexen im Kreis eines liebevollen und magischen Covens. Das sind seltene Erfahrungen, die nicht jeder erleben und wahrscheinlich auch nicht jeder suchen wird. Es wird Sie eine Menge kosten, sich einen Platz in einer magischen Gesellschaft, einem okkulten Orden oder einem Hexen-Coven zu verdienen: Verpflichtung, Ausdauer, Hingabe. Die Zuwendung zur Welt des Geheimen war noch nie eine leichte Alternative für ein gescheitertes Leben in der irdischen Welt. Sie wird Ihre Probleme sicher nicht lösen, aber sie wird Ihnen Einsichten in die Realität verschaffen, die Ihre eigenen, kleinen Schwierigkeiten wahrscheinlich zu völliger Unwichtigkeit verblassen lassen werden. Dieser Weg ist keine Abkürzung zur Macht; weder um Macht über andere Menschen zu erlangen noch zu materiellem Reichtum, er ist keine Abkürzung zu all den Freuden der Sexualität ohne Verantwortlichkeit oder Liebe. Sie werden nur erhalten, was Sie sich verdient haben – und das bedeutet harte Arbeit; ob es Macht, Liebe, Reichtum oder Gesundheit ist oder was immer Sie suchen. Nichts wird Ihnen geschenkt werden; nichts kann für bare Münze gekauft oder von den inneren Mächten erzwungen werden. Kein Opfer, außer das Ihrer eigenen Zeit, Ihrer Mühe, Ihres Blutes, Ihres Schweißes und Ihrer Tränen, wird dazu führen, und davon wird es sehr viele geben, bevor Sie auch nur ein kleines Stück des Weges gegangen sind.

Magie wurde oft definiert als »Bewußtseinsveränderungen in Übereinstimmung mit dem Willen zu verursachen«, aber heutzutage versteht man unter Magie eine Reihe von mentalen und spirituellen Techniken, die ihre Wurzeln in den mentalen Ebenen haben und ihre Blüten in der physischen Welt. Die vielen verschiedenen Techniken können auf die gleiche Art gelernt werden wie eine Fremdsprache, Schritt für Schritt. Auf diese Weise erlangt der Studierende Kontrolle über sein inneres Wesen, so daß in Ritualen seine Absicht zuerst exakt definiert werden und danach sein Wille zu arbeiten beginnen kann. Mit den universalen Symbolen, wie man sie in Träumen wahrnimmt, wird den tiefen Ebenen des Bewußtseins das erwünschte Ziel mitgeteilt, durch Farben, Muster und andere Korrespondenzen wird es klar abgegrenzt, so daß am Ende das Gewünschte entsteht.

Ein Großteil der magischen Ausbildung, besonders innerhalb der zeremoniellen Magie, besteht aus dem Erlernen der Symbolsprache der inneren Reiche, so daß exakte Mitteilungen oder Instruktionen korrekt weitergegeben werden können. Magie hat viele Parallelen zur Computertechnologie. Ein kleines elektronisches Gehäuse oder ein Talisman können beide großartige Ergebnisse erzielen, wenn man sie richtig programmiert und die richtige Sprache – Symbol- oder Computersprache – verwendet, und aus wenig Mühe kann ein riesiges Ergebnis werden. Wenn Sie im Programm einen Fehler machen oder falsche Befehle eingeben, wird das Ergebnis nicht das sein, was Sie erwarten. Es ist nicht notwendig, daß Sie verstehen, was innerhalb eines Chips vor sich geht, um das gewünschte Ergebnis auf den Computerschirm zu bekommen. Auf ähnliche Weise brauchen Sie auch nicht alle inneren Prozesse der Magie zu verstehen, um Ihre Zauber wirksam zu machen. Wenn Sie die Anweisungen richtig befolgen und danach handeln, wird das Endergebnis mehr oder weniger das sein, was Sie erwartet haben.

Rituale sind Symbolsprachen, mit deren Hilfe wir mit den inneren Reichen der magischen Realität arbeiten und kommunizieren können. Wenn wir als Magier Formen, Farben, Zahlen, Gesten, Worte oder Symbole verwenden, geben wir unserem Unbewußten Instruktionen, die eine Verbindung mit dem kollektiven Unbewußten, der Welt oder vielleicht sogar dem universalen Bewußtsein, herstellen. Die Instruktion setzt die Arbeit in Gang, und das Ergebnis wird sich vielleicht wiederum in Symbolen zeigen, wenn es zum Beispiel ein divinatorisches Ritual ist, oder dadurch, daß jemand gesund wird, wenn es ein Heilungsritus war.

Ritualmagie ist eine empirische Kunst. Darüber zu schreiben oder bloß zuzusehen, wird Sie nicht an Ihr Ziel führen, denn wirkliche Magie ist kein TV-Sport. Sie nehmen daran teil, mit all Ihrer Konzentration, mit all Ihrem Willen und Ihrer Entschlossenheit, gleichgültig ob Sie der jüngste Novize sind oder der erfahrenste Magier. Wahrhaft lernen können Sie nur durch ständiges Praktizieren. In diesem Buch habe ich versucht, Ihnen sichere und vielfach erprobte Schritte aufzuzeigen, die, wenn sie sorgfältig und langsam, mit Ernsthaftigkeit und gesundem Menschenverstand befolgt werden, den grünsten Novizen durch die

Tore zu den inneren Reichen und, was noch wichtiger ist, weiser und kraftvoller wieder zurück in seine vertraute Welt führen werden. Wenn Sie glauben, die Straße zur Ritualmagie sei der Pfad, den Sie ersehnt haben, dann können Sie jetzt beginnen, ihn ein wenig zu erforschen, bis Sie sich Ihres Weges sicher sind.

Die Wege der Magie

Wenn man sie einmal praktiziert hat, ist die Magie nicht annähernd so dramatisch und nicht annähernd so strahlend, wie man es vielleicht einmal geglaubt hat. Viel daran ist hartes Büffeln und Wiederholen. Die Ergebnisse zeigen sich ohne Dramatik. Das kann enttäuschend sein, aber zumindest ist es weniger enttäuschend als wenn man etwas ausprobiert, das überhaupt keine Resultate zeigt!

Experimentelle Magie
J.H. Brennan

Jeder, der aktives Interesse an einem obskuren und mysteriösen Thema zeigt, sei es Imkerei oder Magie, wird sich einer Reihe von Schwierigkeiten gegenübersehen, nicht zuletzt der Frage: »Was sage ich meiner Familie?« Obwohl der Terror und das Mißtrauen, die den Hexenkult und die Magie einst umgeben haben, zu einem bestimmten Grad verblaßt sind, begegnen die meisten Menschen, die nichts darüber wissen, allem Okkultem noch immer mit Argwohn oder offenem Spott. Jene, die glauben, daß sie einiges darüber wissen, werden Sie beraten wollen, sensationslüsterne Szenen beschreiben, die sie in Horrorfilmen gesehen haben, oder Vermutungen über Ihre Moral und Ihre sexuellen Wünsche und Gepflogenheiten anstellen, die weder zutreffend noch angenehm sind! Das ist einer der Punkte, weshalb die Geheimhaltung ein so wichtiger Aspekt der Mysterien ist. Die Öffentlichkeit wird das, was sie nicht versteht, entweder fürchten oder sich darüber lustigmachen. Daran hat sich seit dem 14. Jh. nichts geändert.

Magie, in jeder Form, ist voller Paradoxe. Sie ist ein Konglomerat aus alten Künsten, Kunstfertigkeiten und mentalen Geschicklichkeiten, die sich durch die gesamte, historisch belegbare Geschichte der Menschheit hindurch verfolgen läßt, und doch werden viele ihrer Techniken in den neuesten Formen der Psychotherapie und in psychologischen Trainingsmethoden verwendet. Die Wege der Magie sind im wesentlichen geheim, aber jede gute Bücherei wird eine Menge Bücher über alle Aspekte esoterischen Gedankengutes und okkulter Aktivitäten haben. Wenn Sie diesen Pfad wählen, werden Sie zu verstehen beginnen, daß magische Lehren wie Perlen vor die Säue geworfen werden können, daß aber nur praktische Erfahrung Sie zu echter Magie führen wird. Gleichgültig, wieviel Sie auswendig lernen oder sich durch Studium und Diskussion erwerben, Sie werden nie den Weg zu den inneren Reichen entdekken, bevor Sie mit den Übungen beginnen, die Ihre Wahrnehmung von der Welt verändern und Ihnen offenbaren werden, was Magie ist.

Sie werden sich besonders am Anfang vielen Wahlmöglichkeiten gegenübersehen, wenn Sie noch wenig Erfahrung und kaum Information haben, die Ihnen bei der Entscheidung helfen könnten. Es ist wichtig, daß Sie, obwohl Sie sich jetzt für einen bestimmten Weg entscheiden, nichts davon abhält, zu einem späteren Zeitpunkt einen Weg zu beschreiten, den Sie vorher vielleicht ignoriert haben. Genauso wie Sie auf einer Karte und natürlich auch im Gelände immer nur eine Straße verfolgen können, können Sie nur einen einzigen magischen Weg gehen, wenn Sie an Ihr Ziel kommen wollen.

Hexe oder Magier?

Die erste Wahl, die Sie vielleicht treffen müssen, ist die, entweder eine Hexe (ein Hexer) oder ein Magier (eine Magierin) zu werden. In der Praxis und in modernen Coven und Logen ist es notwendig, etwas über beide Wege zu wissen, aber für Außenseiter scheint es oft keine Verbindung zwischen beiden zu geben. Tatsächlich wissen viele Leute überhaupt nicht, daß es überhaupt eine Wahl gibt. Hexen sind in den letzten paar Jahrzehnten mehr als genug in den Blickpunkt des öffentlichen Interesses geraten – nicht immer zu ihren Gunsten –, zeremonielle oder rituelle Magier nahezu überhaupt nicht. Sogar professionelle Interviewer werden sich, nachdem sie jemanden befragt haben, der zugegeben hat, ein ritueller Magier zu sein, beinahe immer der Kamera oder dem Mikrophon zuwenden und sagen: »Bei mir ist heute Miss Sowieso, und sie ist eine Hexe!« Es gibt einen Unterschied. Und er ist wichtig.

Ritualmagie ist nicht besser als der Hexenkult oder Wicca, sie steht nicht im Gegensatz dazu, und die Traditionen schließen einander nicht aus. Sie sind verschieden, das ist alles; und am Anfang ist es am sichersten, den einen oder den anderen Weg zu wählen und zu sehen, ob er dem eigenen Wesen und den eigenen Zielen entspricht. Später können Sie sich dem anderen zuwenden und mit Ihrem vermehrten Wissen die Alternative erforschen.

Zeremonielle Magie wird manchmal »Hohe Magie« genannt, und Hexenkunst oder Volksmagie »Niedere Magie«. Das ist keine Bewertung, sondern hat seine Wurzeln in der Geschichte. Jene, die eine gute Erziehung hatten, konnten lesen und die Grimoires (Bücher der magischen Künste), die oft in Lateinisch oder Hebräisch geschrieben waren und eher rituellen Systemen folgten, verstehen, während das gewöhnliche Volk, das weder lesen noch schreiben konnte und sehr naturverbunden lebte, wesentlich einfachere und intuitivere Künste und Zauber praktizierte, die als Niedere Magie bekannt wurden. Ein modernes Konzept besagt, daß Praktizierende der Niederen Magie auf einer Waldlichtung um einen Kessel hocken, während Ausübende der Hohen Magie ihre Zeremonien in kunstvoll errichteten Tempeln verfeinern und nach ihrem höheren Selbst streben. Beide Wege funktionieren, beide bieten Ihnen eine reiche Vielfalt an echten magischen Erfahrungen, aber nicht jeder Pfad wird jedem Suchenden entsprechen. Sowohl Männer als auch Frauen können Hexen sein, ebenso wie Männer als auch Frauen rituelle Magier sein können, und viele der besten haben zu unterschiedlichen Zeiten auf ihrer Suche nach Ganzheit beide Pfade beschritten. Am Anfang ist es jedoch entscheidend, nur einen Weg zu wählen und den zumindest ein Jahr lang ernsthaft zu verfolgen, bevor Sie Ihre Schritte neu überdenken und den alternativen Weg versuchen.

Es gibt eine Reihe von Faktoren, die Ihre Wahl beeinflussen können. Der erste ist eine spontane »Bauch-Reaktion«. Wenn Sie sich nach dem Drama der mit Weihrauch durchzogenen Loge sehnen, oder wenn Ihr Pfad der der Göttin ist, die im Freien innerhalb des feuererhellten Kreises verehrt wird, dann haben Sie bereits ein Ziel, nach dem Sie streben können. Wenn Sie sich nicht so sicher sind, dann denken Sie vielleicht darüber nach, ob Sie allein oder in einer Gruppe arbeiten wollen. Sicherlich praktizierten viele unserer traditionellen Dorfhexen ihre alte Kunst allein, und wir haben auch die Tradition der einsamen Zauberer wie Merlin oder Gandalf. (In der Magie sind Legenden als Quelle des Wissens und der verborgenen Weisheit ebenso wertvoll wie »historische« Tatsachen.) Wo Sie leben, wird ebenfalls einen Einfluß auf Ihre Wahl haben. Stadtbewohner werden eher in der Nähe von magischen Logen oder etablierten Coven leben, die wie andere Gruppen auch dort blühen, wo es genügend Menschen mit entsprechendem Interesse gibt. Tatsächlich nehmen Leute weite Reisen auf sich, um an Kurswochenenden oder regelmäßigen Treffen teilzunehmen. Als Novize werden Sie die beste Ausbildung haben wollen, die Sie ausfindig machen können, denn obwohl Sie das meiste allein in der Stille Ihres eigenen Heimes werden lernen müssen, wird die Möglichkeit, andere zu treffen, neues Wissen auszutauschen, erfahrenen Lehrern zuzuhören und Fragen zu stellen, Ihre Reise auf dem Pfad beträchtlich beschleunigen.

Langsam eilen

Es gibt keine Abkürzungen, um zu den unbegrenzten Kräften eines gut durchgeführten Rituals vorzustoßen; nur mit jahrelanger, hingebungsvoller Mühe kann man lernen, Geist und Körper zu beherrschen und die subtilen, inneren Verbindungen mit dem persönlichen, spirituellen, ewigen Selbst herzustellen, durch die jeder magische Akt erst möglich wird. Jedes System, das Ihnen verspricht, rascher fortzuschreiten, kann gefährlich sein und zu psychischen Störungen führen. Seien Sie deshalb sehr vorsichtig, bevor Sie sich auf eine Art »Instant-Erleuchtung« einlassen. Die Kräfte, die Sie zu kontrollieren lernen werden, werden Sie anfänglich emotionell sehr stark berühren, da sie die Tore zur Wahrnehmung sind, zur materiellen Welt und zu den inneren Ebenen. Wenn dieser Vorgang nicht sanft und langsam vonstatten geht, wird er einen höchst unangenehmen Aufruhr in allen Bereichen Ihres Lebens verursachen. In der praktischen Magie heißt das Schlüsselwort Kontrolle. Kontrolle kann jedoch nur Schritt für Schritt erworben werden. Da Sie Herrschaft über die subtilen, verborgenen Prozesse Ihres Geistes erlangen wollen, kann jeder Sprung in die Dunkelheit Ihre gegenwärtige Fähigkeit, damit umzugehen, übersteigen.

Langsam eilen ist auf jedem magischen Pfad notwendig. Jede solide und ernsthafte Schule der Magie wird sicherstellen, daß Lernende zuerst innere und äußere Kenntnisse und Fähigkeiten erwerben und festigen, bevor sie sich mit fortgeschrittener Arbeit befassen. Jedes gut geschriebene Textbuch über praktischen Okkultismus sollte Stück für Stück durchgearbeitet und studiert werden. Es führt zu nichts, wenn man die ersten Kapitel in einem solchen Buch nur überfliegt und dann völlig unvorbereitet die Übungen am Ende ausprobiert. Sie hätten dabei ähnliche Probleme, als würden Sie aufwachen und sollten plötzlich die Verantwortung über eine riesige und kraftvolle Maschine übernehmen, ohne eine Ahnung zu haben, wie sie zu steuern oder zu stoppen ist. Sie könnten Angst bekommen, und niemand könnte die Ebenen Ihres Bewußtseins, die Sie willentlich geweckt haben, betreten und Ihnen helfen.

Symbolik

Eines der Paradoxe in der spirituellen Entwicklung ist, daß man sie in Gang setzt, indem man eine Reihe physischer Handlungen ausführt und dabei praktische Handwerkszeuge, handfeste Ausrüstung und materielle Hilfsmittel verwendet. Sie werden die Wichtigkeit der Symbolik verstehen müssen, denn nur dann werden Ihre Arbeiten die Aufmerksamkeit jener Energien, die Sie anstreben, anziehen. Es dauert lange, bis man sich die Listen der Korrespondenzen merken kann, die als eine Art innere Telefonnummern funktionieren und wesentlich sind, um mit den gewünschten Kräften Kontakt aufzunehmen und sie um Hilfe zu bitten. Durch die kraftvolle Sprache der Symbolik werden Sie fähig sein, Ihren Willen auf den Zweck Ihres Rituals zu zentrieren und sich an jenen besonderen Aspekt, an jene Macht, Kraft oder Energie anzuschließen, die Ihren Wunsch Realität werden lassen kann. Wenn Sie den »Code«, die »Nummer«, den »Anschluß« richtig eingeben, werden Sie in direkter Verbindung mit der Hilfe sein, die Sie brauchen. Es ist nicht garantiert, daß die Kraft Ihnen helfen wird – ebenso wie ein Telefon nicht immer abgehoben wird, besetzt sein kann oder nicht funktioniert!

Sie werden akzeptieren müssen, daß die eigenartigen Aktivitäten, die Verwendung von Symbolen, das Anlegen von außergewöhnlichen Gewändern und das Aufrufen von unsichtbaren Wesenheiten, die auf einer anderen Seinsebene existieren, tatsächlich zu konkreten Ergebnissen führen kann, aber je mehr Aufmerksamkeit Sie dem Detail widmen, je mehr praktische Erfahrung Sie bekommen, desto mehr wird Ihr Glaube zu Wissen werden. Das ist der wahre Weg zur Macht. Es geht nicht darum, an Dinge zu glauben, so daß die Stärke Ihres Glaubens die Dinge geschehen machen wird, sondern darum, Ihren Unglauben zurückzuhalten, bis die magische Arbeit getan ist, und die Zeit sichtbare, physische Ergebnisse zum Vorschein bringt. Die Traditionen der Magie und die verschiedenen Techniken sind sehr, sehr alt. Würden sie nicht zu Ergebnissen führen, wären sie schon längst aufgegeben worden. Die meisten dieser Künste, Kunstfertigkeiten und Geschicklichkeiten haben sich im Lauf der Zeit gewandelt, sie werden auf neue Weise gelehrt und in moderner Terminologie ausgedrückt, und doch hat jede von ihnen sehr alte Wurzeln, die wir bis zu ihrem Ursprung zurückverfolgen können.

Da die Symbole, die in der Magie verwendet werden, uralt sind, findet man sie auch in vielen Traditionen. Wir können nicht nachweisen (außer vielleicht intuitiv), daß die ursprüngliche Heimat aller magischen Traditionen das längst verlorene Atlantis ist, aber das genaue Studium einer Anzahl von verschiedenen Traditionen wird zeigen, daß es eine Menge gemeinsamer Grundideen, Symbole und praktischer Arbeit gibt. Diese haben sich im Laufe der Zeit wenig verändert, weil sie funktionieren. Unsere Lebensumstände, unser Lebensstil und die Umgebung mögen sich geändert haben, und die Art, in der wir kommunizieren, denken und die inneren Realitäten verstehen, hat sich vermutlich seit der Zeit unserer Vorfahren weiterentwickelt, aber wir ziehen noch immer einen Nutzen aus den zeitlosen Künsten des Heilens, der Divination und dem Gebrauch der magischen Kraft, die in den frühesten Tagen der Menschheit auf Erden geboren wurde.

Erforschung und Überprüfung

Es gibt viele Wege, die der aufstrebende Magier erforschen kann. Gleichgültig, welchen Pfad er wählt, der Weg wird lang und steinig sein. Es gibt eine Menge Material auf allen Ebenen, das nicht nur auswendig gelernt, sondern auch verstanden werden muß. Mythen müssen auf ihre innere Bedeutung als Wege der Einweihung hin untersucht werden, Legenden müssen zerpflückt werden, um die Weisheit herauszufinden, die hinter all den Schichten von Tatsache, Geschichte und innerer Wahrheit liegt. Traditionen aus vielen Ländern müssen untersucht werden, denn der Pfad, der dem eigenen Heim am nächsten liegt, ist vielleicht nicht derjenige, für den Sie sich am besten eignen; umgekehrt sollten Lernende auch nicht mit dem entferntesten Pfad zu den inneren Welten beginnen, nur weil das Fremde sie anzieht. Fühlen Sie, lassen Sie eher Ihre Intuition als Ihre Logik sprechen, spüren Sie alte Sehnsüchte auf, unerklärte Affinitäten zu einem fremden Land, seiner Mythologie und Kultur, rufen Sie sich Kindheitsträume und Erinnerungen ins Gedächtnis, eigenartige Abneigungen oder Gefühle der Verwandschaft. In diesen Dingen mag sehr wohl der Beginn eines langen Weges liegen,

Erinnerung aus einem vorherigen Leben oder Schatten einer karmischen Verbindung.

Sie werden Ihre Motive und Prinzipien überprüfen müssen. Kein echter magischer Weg wird Sie ohne ersichtlichen Grund dazu bringen, Ihren religiösen Glauben oder ethische und moralische Standpunkte aufzugeben. Sie werden vielleicht feststellen, daß Sie Ihre Gefühle auf diesen Gebieten genauer hinterfragen und sich Ihre orthodoxen Ansichten durch besseres Verstehen ändern werden, aber keine Schule, die einen Wert hat, wird Sie dazu zwingen, sie aufzugeben. Sie werden bestimmte Grundlagen akzeptieren müssen, bevor magische Arbeit Sinn machen wird, aber es ist unwahrscheinlich, daß Ihr gesunder Menschenverstand dem widersprechen wird. Das erste Konzept, das Sie annehmen werden müssen, ohne es möglicherweise ganz zu verstehen, ist, daß es eine schöpferische Kraft gibt, aus der sich jede Veränderung ergibt. Dieses Prinzip können Sie als Gott oder Göttin verstehen, als namenlose, formlose Energie, ganz wie Sie wollen, aber es muß für Sie völlig real sein, oder Ihre Magie wird keine Grundlage haben. Sie werden auch den Unsterblichkeits-Aspekt Ihrer menschlichen Natur akzeptieren müssen, einer Seele, die sich im Lauf vieler Leben weiterentwickelt.

Karma, Reinkarnation und Religion

Die Zwillingsaspekte – die Gottheit und das Unsterbliche in uns – weben den Teppich der praktischen Magie. Ethik und Verantwortlichkeit in der Magie ergeben sich aus der Interaktion dieser beiden Kräfte. Wenn Sie handeln, beeinflussen Sie Ihr Haben- oder Soll-Konto, das von östlichen Traditionalisten »Karma« genannt wird. Wir alle zahlen im Leben etwas in dieses innere Bankkonto ein und heben etwas ab, aber Schulden unterschiedlicher Art, ebenso wie

Kredite, können von Leben zu Leben weitergetragen werden. Rituelles Arbeiten verlangt von uns, über dieses Konto Bescheid zu wissen, da ein großer Teil dieser Arbeit durch die Verantwortung, die wir übernehmen, an unseren inneren Kräften zehrt, obwohl wir umgekehrt auch einiges an Kredit hinzufügen können durch Heilen, Beratertätigkeiten und praktische Arbeiten für einzelne Menschen oder die Welt als Ganzes. Das ist ein Gegenstand, der viel Meditation und persönliches Verstehen erfordert. Auch das Thema der Reinkarnation hat damit zu tun, unsere nicht abgeschlossenen Beziehungen die durch emotionale Bindungen wie Liebe und Haß entstanden sind, und das Thema der Verantwortung für jede magische Arbeit, die nicht mit unserem physischen Tod endet.

Viele Rituale haben religiöse Komponenten, sie können Dankesfeste sein, Weihen, Bittstellungen, jahreszeitliche Feste oder Feiern, die sich mit dem Leben oder den Taten der Götter befassen. Divinationen haben ebenfalls religiöse Aspekte; der Magier bittet die Gottheit um Rat oder Führung, wenn er Symbole wie den Tarot oder das I Ching verwendet oder direkt mit der Gottheit kommuniziert, was zu den höchsten Künsten der Magie zählt. Durch die Vertrautheit mit diesen unsichtbaren Kräften, die das Universum lenken, können die Früchte der magischen Riten geerntet werden. Wenn Sie um Führung bitten und den richtigen Weihrauch, die richtige Farbe, Zahl und Ritualform verwenden, werden Sie sicherlich auf scheinbar zufällige Art eine Antwort erhalten. Magie ist eine Kunst, die Zufälle bewirkt, und wenn Sie diese Fertigkeit meistern, werden Sie zu etwa neunzig Prozent Erfolg haben!

Religiöse Rituale sind sehr alt und gehen vermutlich bis in die Steinzeit zurück, als der Urmensch auf den Wänden seiner heiligen Höhle eine erfolgreiche Jagd darstellte und die Geister des erschlagenen Wildes, der Bären und Bisons zeichnete, die er für seine Nahrung erlegte. Er malte auch den Magier, der in seinem zeremoniellen Kostüm mit dem Geweih und der Haut des Wildes ein Sympathieritual durchführt, das den Geist des erschlagenen Tieres zur Ruhe bringen und sicherstellen soll, daß es seine Fruchtbarkeit behält und als neues Wesen wiederkehren kann, um erneut gejagt zu werden. Einige der ältesten und noch immer wirksamsten magischen Riten stellen das gewünschte Ziel durch Mimik, Gestik, Wort oder Wiederholung dar, so daß die inneren Reiche eine klare Information darüber bekommen, was in der materiellen Welt geschehen soll. Wenn das Ritual korrekt durchgeführt wird, ist es heute ebenso wirksam wie vor Tausenden von Jahren.

Die Macht des Geistes

Manche magischen Akte werden völlig auf der Geistesebene durchgeführt, indem die geschulte Imagination des erfahrenen Ritualmagiers sich durch die Stadien dessen, was er erzielen will, arbeitet, oder indem ein detailliertes und genaues Bild vom Ergebnis der Arbeit Schritt für Schritt imaginiert wird. Wie diese Kunst der kreativen Visualisation, wenn sie ordnungsgemäß geschult und angewendet wird, den Plan, der zu einem physischen Gebäude wird, im Geist des Architekten schafft, so schafft der Plan im Geist des Magiers von den Reichen der magischen Realität ausgehend jene Veränderungen, die er in der materiellen Welt sehen will. Jede Magie hat ihren Preis. So wie in der Physik nichts aus nichts gemacht werden kann, so ist es die Energie, Entschlossenheit und der Wille des Praktizierenden, die das Grundmaterial für die veränderte Realität liefern. Die Künste der Magie werden das »Große Werk« (im Englischen: work = Arbeit) genannt, und in der Tat handelt es sich dabei um Arbeit. Sie werden in den Aufbau Ihres magischen Willens reichlich Gedanken,

Schweiß und Tränen investieren, genauso als würden Sie mit eigenen Händen ein Haus bauen.

Es dauert viele Jahre, um Weisheit anzuhäufen. Es braucht Zeit, bis sich all die Geschicklichkeiten entwikkeln, und es erfordert viele Jahre konzentrierten Studiums, um die Gesetze der Arkanen, die esoterischen Philosophien und all die praktischen Fertigkeiten zu erlernen. Die finanziellen Anforderungen werden nicht allzu groß sein, da Sie die besten Dinge selbst herstellen können, durch Ihren Einfallsreichtum gestalten und durch Ihre wachsenden Kräfte der Intuition und Wahrnehmung finden werden. Ihre wichtigste Aufgabe jedoch wird sein, bestimmte Aspekte Ihres Charakters zu stärken, Verantwortlichkeit, Verständnis und Mitgefühl zu entwickeln – und nichts davon wird sich über Nacht einstellen!

Sie werden mit den dualen Prozessen von Gedanken und Meditation vertraut werden, so daß Sie jene Willensakte auf den inneren Ebenen durchführen können, deren Ergebnisse sich in der äußeren Welt zeigen. Sie werden lernen, die Tore zu verschiedenen Schichten Ihres Lebens zu öffnen und zu schließen, die inneren und die äußeren Realitäten sicher auseinanderzuhalten und dennoch ihren jeweiligen Stellenwert im Ritual zu erkennen. Sie werden lernen, welche inneren Prozesse öffentlich diskutiert werden können und welche geheim bleiben sollten. Sie werden unterscheiden lernen und, wenn Sie vor einer Wahl stehen, instinktiv verstehen, was für Sie im Augenblick der richtige Weg ist, welche Möglichkeit Sie ergreifen und welche Gelegenheit Sie ungenutzt lassen sollten.

Viele der alten Künste, besonders die, die mit Geist und Bewußtsein zu tun haben, finden sich in der modernen Psychologie wieder. Das Neuro-Linguistische Programmieren (NLP) verwendet die alten Techniken des inneren Reisens und der visuellen Imagination; die Silva Mind Control-Technik bedient sich einer Art Selbsthypnose;

andere Techniken und Therapieformen machen sich die Erinnerung und Interpretation von Träumen zunutze. Der Wille wird als Handwerkszeug im Selbstbewußtseins-Training eingesetzt. Viele ähnliche, populäre Trainingsmethoden bedienen sich anderer magischer Künste. Die Magie selbst bewahrt viele dieser mentalen Techniken, und nutzt sie auf unterschiedliche Art und Weise als Tore zu inneren Zuständen, in denen die magische Saat gesät werden kann, um durch die Zeit verändert zu werden und schließlich in neue Realitäten hineinzuwachsen. Rituale lehren Selbstbewußtheit, Selbstkontrolle und Selbstvertrauen.

Magische Schulen und Ausbildung

Obwohl die Ursprünge des praktischen Rituals sehr weit zurückreichen, ist es leider nicht möglich nachzuweisen, daß es eine ununterbrochene Linie von Initiaten ein und derselben Traditon gibt, die sich bis zu den Anfängen zurückverfolgen läßt. Kriege, Katastrophen, Völkerbewegungen, Revolutionen und Völkerwanderungen haben eine direkte Übermittlung aller alten Gesetze unterbunden und sie miteinander vermischt. Es gibt sicherlich eine Anzahl von modernen Lehrorganisationen und magischen Gesellschaften, deren Arbeit sich auf eine dieser zeitlosen Traditonen gründet, aber ungebrochene Blutsbande, Lehren oder regelmäßige Rituale über die Äonen hinweg können nicht nachgewiesen werden. Durch die zeitlosen Verbindungen der Reinkarnation jedoch, durch die geschulte Erinnerung der magischen Priester und durch die geheimen Künste der Divination und Meditation werden wahre Aspekte dieser frühesten Traditionen ans Tageslicht gebracht. Teil der Arbeit vieler moderner Orden besteht darin, die inneren Länder und die langverlorenen, heiligen

Stätten auf der ganzen Welt wiederzugewinnen, so daß ihre verborgene Weisheit und Macht von den heutigen Praktizierenden verstanden und genutzt werden kann.

Dies trifft jedoch nicht auf alle Organisationen zu, die an die Öffentlichkeit treten. Eine der ersten Fertigkeiten, die es zu meistern gilt, ist die der Urteilskraft und des Unterscheidungsvermögens. Es wird vielleicht sogar Spaß machen, die Kleinanzeigen in esoterischen Magazinen durchzublättern und festzustellen, daß einige Geheimgesellschaften mit phantasievoll klingenden Namen um neue Schüler werben. Die meisten sind harmlos, und einige werden sogar von echten Suchenden geleitet, die sich die schwierige Aufgabe gestellt haben, eine okkulte Bruderschaft als Forum für Weiterentwicklung und Förderung der Selbstbewußtheit ins Leben zu rufen. Einige dieser selbsternannten Führer haben einen Teil ihrer Ausbildung in einer anerkannten Schule erhalten und was sie anbieten, kann für andere Neulinge von großem Nutzen sein, andere jedoch, die vielleicht nur einige wenige Bücher gelesen haben, mögen der Meinung sein, dies sei eine Abkürzung zu Macht und Reichtum. Das sind die Gruppen, die für den ungeschulten Anfänger am gefährlichsten sind. Da diese Führer keine echte Erfahrung in den verschiedenen Situationen haben, die ein Ritual auslösen kann. Wenn Aufruhr und psychische Unruhe ihre Herde überkommen und sich die Tore der Wahrnehmung zu schnell öffnen, wissen sie einfach nicht, was zu tun ist. Eine häufige Reaktion ist dann, daß man die auftauchenden Schwierigkeiten dem Einfluß sogenannter Schwarzmagier zuschreibt, die die Gruppe bedrohen, weil sie sie um ihr Wissen und ihre Macht beneiden. In Wirklichkeit kommt das Gegenteil der Wahrheit sehr viel näher, denn es sind die Leiter solcher Gruppen selbst, die offen sind für die dunklen, ungeschulten Aspekte ihres eigenen Seins und dem der unerfahrenen Novizen, die sie zu beschwindeln versuchen.

Eine ordnungsgemäß aufgebaute Trainingsgruppe wird sich der seltsamen Dinge, die auftreten können, wenn die magische Arbeit beginnt, sehr wohl bewußt sein, denn sie weiß, daß es ohne diese Fremdartigkeit auch keine Magie geben kann. Aufgrund ihrer Erfahrung wird sie ihre Studenten sicher durch die rauhen Gewässer steuern und durch die gefährlichen Untiefen lenken können, von denen der neuerweckte Geist voll ist.

Aus diesem Grund lohnt es sich, Zeit, Mühe, Kosten und persönliche Unbequemlichkeit auf sich zu nehmen und zumindest zwei oder drei Jahre lang Instruktionen in einer anerkannten, magischen Schule oder durch einen Fernkurs zu erhalten. Auf sich allein gestellt, können Sie sich dazu zwingen, aus Büchern zu lernen, sich vielleicht die Arbeiten eines bestimmten modernen Autors vornehmen und die magischen Übungen und Praktiken Schritt für Schritt durcharbeiten, aber das erfordert eine enorme Disziplin und Hingabe. Diese beiden geistigen Einstellungen sind häufig am schwersten aufrechtzuerhalten, denn viele der Anfangsdisziplinen sind langweilig und wiederholen sich immer wieder. Die Meditation, die Teil Ihres täglichen Lebens werden wird, wenn Sie es mit der Magie ernst meinen, ist oft langweilig und unergiebig, bis der mentale Schalter, der eine Veränderung des inneren Fokus zuläßt, willentlich ein- und ausgeschaltet werden kann. Es gibt Techniken, die diese Tore der Wahrnehmung für jeden Lernenden öffnen werden, aber auch hier gilt, daß ein persönlicher Lehrer Sie schneller dazu führt als das Durchackern der gesammelten Werke von Dion Fortune.

Magie hat mit Kontrolle zu tun. Zu Anfang müssen Sie sich Kontrolle über die unterschiedlichen Ebenen der Bewußtheit verschaffen und willentlich Zugang zu ihnen suchen, damit Sie die inneren Reiche der symbolischen Realität betreten können; noch wichtiger jedoch ist es, daß Sie wieder in die Alltagswelt zurückkehren können und daß

Ihre Erinnerung und Ihr Bewußtsein normal funktionieren. Das ist ein winziger geistiger Schritt, aber manche Lernende, die keine echten Lehrer haben oder von Schule zu Schule flattern, ohne diese wesentliche Fertigkeit zu meistern, verschwenden viele Jahre, bevor sie den inneren »Klick« des sich öffnenden Tores wahrnehmen. Es gibt dabei einen Kniff, der, wenn man ihn einmal gelernt hat, nie wieder vergessen wird und ohne den Sie keine Chance haben, die anderen Teile der magischen Arbeit Wirklichkeit werden zu lassen. Später wird diese gleiche Selbstdisziplin und Kontrolle auf alle Aspekte der Arbeit ausgedehnt werden. Diese anfängliche mentale Kontrolle ist die Voraussetzung für die Ausdauer, die für die Meisterung der Grunddisziplinen ebenso nötig ist wie für das Erkennen der Bedeutung von Symbolen und des tieferen Sinns der Mythologie, für die Kommunikation mit den Göttern und für das Arbeiten mit der Kraft, die Veränderungen herbeiführt.

In früheren Zeiten wurde gelehrt, daß die Meisterung von Symbolen und Ritualformen den Lernenden in den richtigen geistigen Zustand versetzt. Das stimmt auch, aber ernsthafte, okkulte Lehrer von heute ziehen es vor, daß die Lernenden in der Lage sind, zu meditieren, innere Reisen zu machen und die Mythologie und ihre Macht zu verstehen, bevor sie zu den zeremonielleren Teilen ihrer Ausbildung übergehen. Beide Herangehensweisen sind möglich, aber aufgrund meiner eigenen Erfahrung glaube ich, daß die Fähigkeit, den eigenen geistigen Zustand zu lenken, zu sichereren und schlüssigeren Ergebnissen führen wird als ein Kopf voller Korrespondenzen-Listen, die ohne tieferes Verständnis nach Papageienart auswendig gelernt werden. In der Praxis werden beide Methoden mehr oder weniger nebeneinander verwendet, aber ohne mentale Kontrolle wird sich der Novize vielleicht nicht bewußt sein, was er wirklich erreichen will, weil er nicht wahrnehmen oder intuitiv erfassen kann, was um ihn herum auf den subtilen, magischen Ebenen vor sich geht. Ohne bewußten, geistigen Fokus sind sie für ihn unsichtbar und unverständlich.

In alten Zeiten scheint sich der allein arbeitende Magier aus dem religiösen Eremiten entwickelt zu haben. Diese Individuen suchten gewöhnlich die einsame Abgeschiedenheit in der Wildnis auf, wo sie der Natur nahe sein und für das Gute, das sie unterstützten, beten konnten. Sie waren oft für ihre Weisheit bekannt, für ihre Heilkräfte und ihre Fähigkeit in die Zukunft zu sehen – nichts davon machte sie vermutlich bei der Kirche ihrer Zeit sehr beliebt! Vor der christlichen Ära gab es im Westen die Druiden-Priester, die berühmt waren für ihr Wissen von den Sternen, ihre Fähigkeit mit Tieren zu sprechen, zu heilen, Prophezeiungen und Divinationen zu machen und magische Zauber zu verhängen. Obwohl diese Priester gewöhnlich in Hainen zusammenlebten, wanderten einige von ihnen durch die Lande und boten den Bedürftigen Hilfe an, schlichteten Rechtsstreitigkeiten und lehrten die Geschichte der Stämme und die großen Taten der Helden der Vergangenheit. Der mythische und historische Merlin scheint viele dieser Eigenschaften gehabt zu haben; er war Ratgeber des Königs, Heiler, weiser Mann, Prophet und Magier und in ganz Europa berühmt.

Ebenso wie allein arbeitende Zauberer gab es auch Dorfhexen, die, anders als moderne Coven-Hexen, ihr Wissen von der Familie erbten, so wie Bäckerkinder Bäcker wurden und der Sohn des Hufschmieds ein Hufschmied. Sie bewahrten Teile der alten Druidenmagie: die Fertigkeit, mit Kräutern und durch Handauflegen Menschen und Tiere zu heilen; die Macht, in der Zukunft liegende Ereignisse vorherzusehen; die Geschicklichkeit, Zaubersprüche zu formulieren und Zaubertränke zu brauen; die Macht über Leben und Tod, die in dem Wissen über Kräuter enthalten ist – einige heilen, einige töten. Euthanasie gehörte mit zu ihrem Repertoire in den Tagen, bevor es Anästhetika und Antibiotika gab! In einigen wenigen Teilen Großbritanniens haben ein paar alte Familien etwas von dieser heidnischen Bauern-Priesterschaft erhalten und praktizieren auf entlegenen Hügeln und in abgeschiedenen Dörfern die Künste und Fertigkeiten der Weisen, wie sie seit Urzeiten praktiziert worden sind. Sie feiern mit der ganzen Bevölkerung ihrer Umgebung einen Zyklus dramatischer, jahreszeitlicher Feste, praktizieren die alte Magie und verbinden sie mit ihrer vertrauten Landschaft, aber sie bewahren Geheimhaltung und arbeiten im Stillen, wie es ihre Vorfahren während der Hexenverfolgung getan haben. (Ähnliche Beispiele für das Überleben eines heidnischen Priestertums finden sich auch in anderen europäischen Ländern. Anm. d. Lektorats)

In vergangenen Zeitaltern blühten Magieschulen neben den verschiedenen Formen heidnischen Priestertums. Sie lehrten die mystischen Philosophien, die okkulten Techniken der Zukunftsschau, des Heilens und der Kommunikation mit den inneren Reichen, Alchimie und die Kraft der Zusammenarbeit zu magischen und rituellen Zwecken. Fragmente ihrer Geheimnisse sind uns überliefert; sie sind oft versteckt in den komplexen Formeln der alchimistischen Texte und in den Traditionen der Handwerkergilden, aus denen sich die modernen Freimaurer und Rosenkreuzer entwickelten.

In jüngerer Zeit entstanden ganze magische Orden. Der berühmteste ist wahrscheinlich der hermetische Orden des Golden Dawn (der goldenen Morgendämmerung), der Ende des neunzehnten Jahrhunderts gegründet wurde. In seinen Logen entwickelten und praktizierten die besten magischen Köpfe der Zeit komplexe Rituale, zerstritten sich jedoch schließlich und trennten sich wieder. Andere Orden bildeten sich teilweise auf der Grundlage dessen, was der Golden Dawn erarbeitet hatte. Einige davon bestehen noch heute in England und den USA. Der bekannteste war vermutlich die Society of the Inner Light (die Gesellschaft des inneren Lichtes), von Dion Fortune gegründet. Dieser Orden unterhält noch immer eine Schule, deren Lehren auf den Prinzipien der Kabbala basieren. Aufgrund der Arbeit von W.E. Butler und anderen wurde die Servants of the Light Association (die Vereinigung der Diener des Lichtes) gegründet, die vielen Studenten auf der ganzen Welt eine ausgezeichnete Ausbildung bietet.

Studenten und Eingeweihte jener früheren Orden haben ihre Arbeit weiterentwickelt und eine Anzahl von anderen Orden, Gesellschaften und Schulen gegründet, und einige sind beachtete Autoren, Lehrer und Praktizierende der magischen Künste geworden. Die äußeren Ergebnisse ihres Wirkens sind in Büchern oder Artikeln festgehalten und allgemein zugänglich.

Es bedarf nur eines kleinen Schritts, um von der äußeren Welt in die der Magie, der heiligen Rituale und geheimen Künste einzutreten. Dieser Schritt sollte jedoch nie aus Unwissenheit gemacht werden, noch aus dem Wunsch nach sofortiger Macht oder Gier heraus oder als Flucht vor Alltagsproblemen. Das Eintreten in die ungesehenen Reiche sollte ebenso ernst genommen werden wie etwa der Schritt in eine Ehe, eine Karriere oder eine religiöse Gemeinschaft. Die Entscheidung sollte bewußt getroffen werden und nicht leichtherzig als vorübergehende Marotte. Es ist ein gefährlicher Weg, denn er wird viele Schwächen im Charakter des Lernenden aufdecken, er wird ihm seine dunkle und unterdrückte Seite klar im Licht vermehrten Wissens zeigen, und vor der Weisheit gibt es kein Verstecken. Es ist aber auch ein Pfad der Freude, der Erfüllung und des Dienstes am Höchsten. Das Tor öffnet sich jetzt vor Ihnen.

Aller Anfang ist schwer

Die Vorstellung, daß ein Anfänger, der versehentlich oder überheblich ein »Wort der Kraft« ausspricht oder ein »mystisches Zeichen« zieht, riskiert, auf der Stelle von schrecklichen, überirdischen Kräften zerschmettert zu werden, ist reine Imagination von Romanschriftstellern. Man bekommt immer so viel aus der Magie heraus wie man in sie hineinsteckt, und da man anfangs wenig hineinsteckt, ist es unwahrscheinlich, daß man unkontrollierbare Kräfte herausbekommt... Für den erfahrenen Magier ist es jedoch möglich, weit mehr herauszuholen als er hineingesteckt hat.

The Practice of Ritual Magic
Gareth Knight

Rituale sind Teil unseres Alltagslebens. Wir führen eine Reihe von Handlungen aus, weil wir etwas erreichen wollen. Wir schalten zum Beispiel den elektrischen Wasserkessel ein, nehmen eine Tasse, geben einen Löffel Kaffeepulver hinein, und wenn das Wasser heiß ist, gießen wir es in die Tasse und fügen je nach Geschmack ein wenig Milch oder Zucker hinzu. Das Endergebnis ist eine Tasse Kaffee und nicht ein Glas Himbeermarmelade oder ein Biskuitkuchen. Um Kaffee zuzubereiten, brauchen wir nicht zu wissen, was Elektrizität ist oder wie sie hergestellt wird, wir brauchen die Kaffeebohnen weder wachsen zu lassen noch zu ernten oder zu bearbeiten, wir müssen auch die Tasse nicht selbst herstellen. Wir müssen lediglich wissen, daß wir für eine Tasse Kaffee eine Tasse brauchen, Wasser und das Heizgerät, den Kaffee und so weiter. Eine Reihe von bekannten Symbolen, Worten und Gesten werden in einer bestimmten Ordnung aneinandergereiht und das gewünschte Endergebnis (das sich nicht so schnell manifestieren muß wie Instantkaffee) wird sich zeigen. Wir müssen den Vorgang planen, die richtige Ausstattung finden, einen bestimmten Zeitraum einkalkulieren und schließlich auch unseren eigenen Anteil dazu beitragen, damit die Abfolge der Ereignisse stattfinden und das gewünschte Ergebnis eintreten kann.

Beim Kaffeekochen wie in der Magie gibt es Gefahren. Sorglos mit einem Kessel siedenden Wassers zu hantieren, kann zu ernsthaften Verbrühungen führen. Zuviel Kaffee kann uns die ganze Nacht wachhalten, zuviel Zucker kann unsere Zähne angreifen. Wir können eine teure Kaffeemischung ausschütten oder den fertigen Kaffee auf den neuen Teppich fallenlassen und ihn verderben. Die meisten dieser Dinge treten nicht ein, weil wir uns der Gefahren bewußt sind und achtgeben. Die gleichen Gedankengänge müssen auch auf die magische Arbeit angewendet werden. Wenn Sie sich überlegen, was Sie tun wollen, Pläne machen, den Arbeitsplatz vorbereiten, die richtige Ausstattung wählen und sie an einen sicheren Ort stellen, werden Sie keinen Schaden erleiden. Wenn Sie sorglos sind, gedankenlos oder sich ablenken lassen, können Sie sich und Ihrer Umgebung Schaden zufügen. Ein heißes Weihrauchgefäß kann Sie oder den Teppich ebenso verbrennen wie siedendheißer Kaffee. Zuviel Magie kann Sie ebenfalls die ganze Nacht wachhalten und Ihnen schwere Träume bescheren. Vorsicht und Überlegung können Ihnen eine Menge Kopfweh und Ärger ersparen, bis Sie die alten Künste wirklich beherrschen.

Auch hier gilt: Wenn Sie das Glück haben, unter die Fittiche eines kompetenten Lehrers genommen zu werden, oder Schritt für Schritt in einer vertrauenswürdigen Schule oder aus einem Quellenbuch lernen, sind Sie sicher. Bei Menschen, die sich nach magischen Fehlern in größter Gefahr befinden, handelt es sich um Menschen, die auch in der normalen Welt gefährdet sind. Wenn Sie jeden Schritt, den Sie machen, zuerst gründlich studieren, werden Sie vielleicht langsam reisen, aber Sie werden heil ankommen, während Sie sich und andere in Gefahr bringen können, wenn Sie sich mit geschlossenen Augen ins Abenteuer stürzen. Magie ist weder etwas für Zaghafte, denn Sie werden Mut und Entschlossenheit brauchen, noch etwas für Unbesonnene und Tollkühne, denn Sie könnten auf einen Weg geraten, auf dem nicht einmal Engel zu wandeln wagen. Die Reiche des Innern, die Orte der Träume und Intuitionen bilden eine Landschaft, die durch unbedachte magische Handlungen zerstört werden kann, ebenso wie gedankenloses Autofahren Ihr Auto zerstören kann und das, mit dem Sie zusammenstoßen. In den inneren Reichen finden Sie Frieden, dort werden Ihre Pläne für die Zukunft gemacht und die Früchte Ihres Lebens als gespeicherte Erinnerungen für künftigen Zugriff aufbewahrt. Handeln Sie ohne Überlegung, dann kann die geheime Essenz dessen, was Sie waren, sind und sein werden, durcheinandergebracht und zerstört werden.

Gefährten und Beziehungen

Jeder kann erfolgreiche Rituale durchführen, obwohl manche es einfacher finden werden als andere. Sie brauchen keinen akademischen Grad zu haben, wohl aber Forschergeist und eine Menge gesunden Menschenverstand. Wenn Sie einen Gefährten finden, der Sie auf Ihrem Weg durch diese seltsamen Lande begleitet, werden Sie einen Vorteil denen gegenüber haben, die diesen Weg allein gehen müssen. Am besten ist es, wenn Ihr Partner vom anderen Geschlecht ist; zu Anfang brauchen Sie vielmehr einen Freund und Helfer als einen Sexualpartner. Magische Beziehungen mögen im Vergleich zu normalen Beziehungen insofern eigenartig erscheinen, als sie neben allen anderen Faktoren mit einer Menge Vertrauen arbeiten. In Coven oder Rituallogen ist die zwischenmenschliche Struktur völlig anders als in normalen Gruppen. Es ist wesentlich, daß Sie sich unter Ihren okkulten Gefährten frei fühlen können, daß Sie Ihr »wahres Selbst« sind und sich nicht hinter den Verteidigungsmasken verstecken, die Sie in der Außenwelt aufsetzen. Sie müssen den Menschen, mit denen Sie arbeiten, vertrauen können und umgekehrt. Wenn Sie mit Macht arbeiten, wird sie sich am stärksten auf das schwächste Glied der Kette auswirken, und alle Mitglieder Ihrer Gruppe müssen die Belastung auf sich nehmen und teilen. Falsche Arroganz wird Ihr Ruin sein.

In der Vergangenheit gab es für Männer und Frauen getrennte Religions- und Magieschulen, aber heute sind sie, obwohl reine Frauen-Mysterien und die Sonnentradition (für Männer) noch immer existieren, den fortgeschritteneren Praktizierenden vorbehalten. Für Novizen ist es eine echte Hilfe, in einer ausgeglichenen Gruppe zu sein, denn sowohl Männer als auch Frauen haben ihre Stärken und Schwächen. Frauen sind empfänglicher für Intuition und innere Führung, sie können die Zukunft vorhersagen, während Männer am besten mit der praktischen Seite des Rituals arbeiten können und sicherstellen, daß der Ritus auf der äußeren Ebene fest zusammengehalten wird. Die Arbeit in einer gleichwertigen Partnerschaft führt zu großer Harmonie an Kraft und Effektivität. Wir leben offensichtlich nicht in einer perfekten Welt, und Anfänger haben oft nur einen einzigen Freund, der mit ihnen arbeiten will; und der wird vermutlich vom gleichen Geschlecht sein. Dennoch ist es besser, bei der Arbeit einen Partner zu haben, und oft können Sie als Paar beginnen und später versuchen, sich mit Gleichgesinnten des anderen Geschlechts zu treffen, die Ihr Vorhaben unterstützen. Magie erfordert nicht unbedingt sexuelle Beziehungen. Viele Hexen und Magier sind glücklich verheiratet oder leben völlig zölibatär, ganz nach ihrer Wahl. Nur Romane oder die Regenbogenpresse verbreiten sich über Sexriten; echte Magier lernen bald, daß sie, wenn es zum Großen Werk kommt, andere Dinge im Sinn haben!

Was sich zwischen Menschen, die ihre Zeremonien miteinander teilen, entwickelt, wird oft tiefer gehen als eine konventionelle Freundschaft, denn es ist auf gegenseitigem Vertrauen, Respekt und Ehre aufgebaut. Eine solche Beziehung unterscheidet sich so sehr von anderen Beziehungen, daß sie Ehen oder andere Partnerschaften kaum beeinträchtigen wird. In einer unausgeglichenen Gruppe kann es natürlich geschehen, daß sich Machtkämpfe entwickeln, und das Streben nach einer bestimmten Position oder einer bevorzugten Behandlung bringt das Schlechteste im Charakter mancher Leute hervor. Harmonische Gruppen werden sehr viel öfter durch Persönlichkeitszusammenstöße und Gemeinheiten zerstört als durch esoterische Kräfte, die sie vielleicht ans Tageslicht gebracht haben. Jede magische Arbeit wird auf die Persönlichkeit der betroffenen Person wie ein Vergrößerungsglas wirken. Wenn Sie gierig oder machthungrig sind, selbstbewußt oder wertlos, dann können diese Persönlichkeitszüge durch die okkulten Arbeiten verstärkt werden. Sie werden vielleicht herausfinden, daß andere Sie nicht mögen und umgekehrt. Vielleicht ist das ein Hinweis, daß Sie wachsen und sich zuerst mit Ihrem Selbst befassen müssen, bevor Sie es der kritischen Überprüfung der magischen Gemeinde überlassen. Vielleicht müssen Sie zuerst Toleranz und Sympathie meistern. Ideale Gruppen gibt es nicht oft; Sie werden wachsen müssen, um dem, was Ihnen angeboten wird, zu entsprechen, und da Magie sich mit Veränderung befaßt, sollten

Sie bereit sein, Ihre Einstellungen und Wünsche zu ändern, um in die Gruppe zu passen. Das kann ein schmerzhafter Prozeß für jeden Erwachsenen sein, der überzeugt war, daß die Agonie des »Erwachsenwerdens« weit hinter ihm liegt, und es kann Ihnen die Augen dafür öffnen, in welchem Zustand die Menschheit sich befindet.

Die Entdeckung des Selbst

Die ersten Übungen in jeder guten Magieschule werden Sie dazu zwingen zu hinterfragen, wer Sie sind, wohin Sie gehen, was Sie am meisten begehren und welche Aspekte Ihres inneren Wesens Ihnen helfen können. Diese Übungen sind vielleicht nicht angenehm, aber sie sind notwendig und sollten nicht ausgelassen werden, nur weil sie schmerzen oder schwierig sind. Wenn Sie sich selbst nicht klar sehen können, werden Sie keine Grundlage haben, auf der Sie andere, mit denen Sie Magie betreiben, vergleichen können. Das ist ein Teil der geheimen, okkulten Ausbildung; nur Sie allein sehen Ihre Fähigkeiten, einige auf den äußeren, einige auf den inneren Ebenen. Magisch gesehen, sind Männer und Frauen verschieden. In einer Arbeitsgruppe werden diese natürlichen Unterschiede ausgenutzt, indem die Männer die physische Seite der Arbeit zusammenhalten und die Frauen die Kraft durchlassen und weiterleiten. Es gibt genügend Raum für beide, jeder übernimmt einen wesentlichen, gleichwertigen aber verschiedenen Teil. Es gibt reine Männer- oder Frauengruppen, aber Anfänger sollten immer versuchen, mit Leuten beiderlei Geschlechts zu arbeiten. Die Beziehung innerhalb der Loge kann eng und liebevoll sein, aber im allgemeinen ist sie auf dieser Ebene nicht sexuell.

Das Ziel jedes magischen Trainings ist, daß der Magier zuerst mit seinem Höheren Selbst Kontakt aufnimmt und diesen Kontakt dann verbessert. In der Jungschen Terminologie wird dieser Aspekt in bei Frauen Animus und bei Männern Anima genannt. Er ist unsterblich und ermöglicht, daß unsere Erinnerungen aus vergangenen Leben wieder geweckt werden können. Das Höhere Selbst ist weise, da es alle unsere Erinnerungen und Erfahrungen enthält, aber es ist durch einen feinen, normalerweise unzerreißbaren Schleier von unserem normalen Wachbewußtsein getrennt. Der Grund für die Wichtigkeit der Meditation und kreativen Visualisation liegt darin, daß diese alten Fertigkeiten es uns ermöglichen, einen Teil dieses Schleiers, der unser inneres Selbst abschirmt, sanft zu heben und ihn wieder zurückfallen zu lassen, wie einen Feuervorhang, wenn er nicht gebraucht wird. Wenn wir diesen Zugang zu unserem ewigen Selbst wieder freilegen, öffnen wir einen Kanal für Weisheit, Macht und magische Entwicklung, und das führt dazu, daß unsere Zauber funktionieren, unsere Divinationen uns Teile der Zukunft enthüllen und daß uns Führung und Heilung zuteil werden. Ein Magier hat völlige Kontrolle über diesen Prozeß; bei anderen Menschen, die nicht magisch ausgebildet wurden, kann dieser Schleier durch Krankheit, Verwendung von Drogen und falsch angewandte psychologische Techniken zerstört werden. Dieses Zerreißen und Zerstören des Schleiers führt zu Geisteskrankheit, Depression und unkontrollierten psychischen Einbrüchen in das Wachbewußtsein. Einige Formen von Wahnsinn sind sicherlich die Manifestation von mißhandelten inneren Selbsten, nicht oft, aber manchmal doch werden sie verursacht durch das Herumspielen mit magischen Techniken.

Übungen

Obwohl Novizen sich oft nicht bewußt sind, wie mächtig die Kräfte magischer Arbeit sein können, sollten Sie die Warnungen ernst nehmen und immer langsam auf dem verschlungenen Pfad von Kraft und Licht eilen. Aus diesem Grund sollten Sie die folgenden Grundübungen solange wiederholen, bis Sie ihre Auswirkungen völlig verstanden haben. Machen Sie jede Übung einzeln und zeichnen Sie das Geschehene und Wahrgenommene genau auf. Halten Sie alle Ergebnisse fest. Nur wenn Sie auf Ihre Notizen der vergangenen Wochen und Monate zurückgreifen können, werden Sie Ihren Fortschritt feststellen können. Wie bei einem aufwachsenden Kind können die Stadien nicht von innen, sondern nur von Beobachtern oder im Rückblick gesehen werden.

Übung 1 – Ruhe

Diese Übung klingt äußerst einfach, und doch werden Sie wahrscheinlich herausfinden, wie schwierig es ist, sie ordentlich durchzuführen. Sie werden einen ruhigen, warmen Ort brauchen, einen aufrechten Stuhl und eine Uhr, die Sie von Ihrem Sessel aus sehen können. Schließen Sie die Tür, schalten Sie alle Ablenkungen ab und tragen Sie Ihrer Familie auf, Sie etwa eine halbe Stunde lang nicht zu stören. Setzen Sie sich in den Sessel, bei normalem Licht, der Rücken sollte aufrecht sein, Kopf und Hals gerade, die Schultern entspannt und die Hände locker in Ihrem Schoß. Die Füße sollten flach auf dem Boden oder auf einem dicken Buch liegen, so daß Sie unter Ihren Knien keinen Druck fühlen.

Schließen Sie die Augen und werden Sie körperlich so ruhig wie Sie können. Atmen Sie sanft und langsam und entspannen Sie sich. Bewegen Sie sich überhaupt nicht! Bei der ersten Unterbrechung der Aufmerksamkeit schauen

Sie auf die Uhr und beginnen wieder von vorn. Werden Sie ruhig und entspannt. Hören Sie voll Aufmerksamkeit auf das, was Sie hören können und machen Sie sich im Geist eine Notiz. Fühlen Sie in Ihren Körper hinein, stellen Sie Gefühle, Spannungen, Kribbeln und andere Ablenkungen fest. Machen Sie sich wiederum im Geist Notizen. Verlagern Sie Ihre Aufmerksamkeit auf die äußere Schicht Ihrer Haut, fühlen Sie Ihr Gewand, Ihr Gewicht auf dem Sessel und die Kühle oder Wärme um Sie herum. Machen Sie sich geistig Notizen von all diesen Dingen. Sehen Sie wieder auf die Uhr. Wahrscheinlich wird erst eine Minute vergangen sein.

Wiederholen Sie die Übung, bleiben Sie ruhig, atmen Sie langsam und entspannen Sie sich, ohne einzuschlafen. Versuchen Sie Ihre inneren Sinne zu wecken und gehen Sie tiefer. Bleiben Sie mindestens fünf Minuten lang ruhig. (Es wird sich wahrscheinlich wie eine Ewigkeit anfühlen, aber wenn Sie auf die Uhr schauen, werden vermutlich nur einige Augenblicke vergangen sein.)

Führen Sie diese Übung jeden Tag durch, bis Sie ohne Ablenkung zumindest fünf Minuten – zehn maximal in diesem Stadium – ruhig bleiben können. Notieren Sie jeden Tag die wahrgenommenen Geräusche, Gefühle und so weiter.

Übung 2 – Wer bin ich?

Wiederholen Sie die Ruhe-Übung, aber wenn Sie sich ein wenig entspannt haben und ein paar Minuten lang ruhig gewesen sind, fragen Sie sich leise: »Wer bin ich?«. Es gibt keine endgültige Antwort, aber wiederum, bleiben Sie ruhig und denken Sie über die Frage nach. Es wird Sie vielleicht überraschen, daß Emotionen geweckt werden, die Sie nicht erwartet haben. Gefühle von Traurigkeit, Einsamkeit, Glück und Fremdheit sind recht häufig. Lassen Sie sie zu. Sie sind allein in diesem Stadium, es macht daher nichts, wenn Sie weinen oder lachen oder sehr introvertiert sind.

Machen Sie Notizen von Ihren Eindrücken und finden Sie eine Woche lang jeden Tag einen neuen Ausgangspunkt, um zu beginnen. Sie können sich Ihren Namen ansehen, Ihre persönliche Geschichte, Ihren Beruf, familiäre Verpflichtungen, Vorfahren und so weiter, aber lassen Sie immer zu, daß die Ideen, Bilder und Erinnerungen ungeprüft hochsteigen können. Je ruhiger und entspannter Sie sind und je mehr Sie sich auf die Übung konzentrieren, desto klarer und leichter werden Sie sich an die Vorstellungen, die Sie in Ihren mentalen Lagerraum gesteckt haben, erinnern und sie in Ihrem Notizbuch aufzeichnen können. Es gibt keinen einfachen Weg, um diesen Kniff zu meistern, keine Abkürzungen, sondern nur ständiges Üben, bis Sie Erfolg haben. Ohne weiterzumachen, auch wenn es sehr langweilig und unergiebig scheint, werden Sie niemals diese höchst wertvolle und grundlegende Fertigkeit der Stille erreichen, die in der Magie wesentlich ist.

Sie werden vielleicht überrascht sein, welche Wirkungen selbst diese ersten, einfachen Schritte haben können. Völlige Stille und Entspannung können oft extrem schwierig zu erreichen sein, aber wenn Sie Ihre Aufmerksamkeit nicht darauf konzentrieren können, ruhig zu sein, werden Sie alle weiteren Übungen unmöglich finden. Wenn man in einer Gruppe arbeitet, ist dieser entspannte und doch wache Zustand unbedingt erforderlich während aller inneren Reisen, während der meditativen Teile des Rituals und zu jeder Zeit, in der Sie nicht sprechen oder sich bewegen müssen. Stillsein wird sogar Ihre Gedankenprozesse magischer machen; Ihre Meditationen werden ergiebiger werden, und die Bilder und Eindrücke auf Ihren inneren Reisen werden viel klarer und deutlicher zutage treten.

Übung 3 – Chanten und sprechen

Diese Übung wird am besten im Freien durchgeführt oder an einem Ort, wo der Lärm niemanden stört oder neugierig macht. Sie brauchen nicht sehr laut zu sein, aber Sie sollten sich frei ausdrücken können, ohne verlegen zu werden. Wählen Sie einen Gedichtband, eine gute Erzählung oder vielleicht ein Drama von Shakespeare.

Bei der ersten Übung beginnen Sie in der tiefsten Tonlage, die Sie hervorbringen können, zu summen oder zu stöhnen. Atmen Sie tief und gleichmäßig und summen oder stöhnen Sie zehnmal mit voller Kraft. Als nächstes wählen Sie einen etwas höheren Ton und summen oder singen ihn; konzentrieren Sie sich darauf, ihn so sanft und regelmäßig wie möglich zu singen, wiederum zehn Atemzüge lang. Der Klang ist völlig unwichtig, wichtig ist nur, daß Sie den Ton so gut wie möglich hervorbringen und Ihre ganze Aufmerksamkeit darauf richten. Der dritte Ton kann noch etwas höher sein. Spielen Sie solange herum, bis Sie einen Ton zuwege bringen, den Sie angenehm finden, und wiederholen Sie ihn zehnmal. Beobachten Sie, wie Sie sich dabei fühlen und vergessen Sie nicht, sich danach Notizen zu machen.

Nehmen Sie sich nun das Gedicht oder das Stück Literatur Ihrer Wahl vor und lesen Sie laut. Wiederholen Sie den Text langsamer, sprechen Sie jedes Wort deutlich aus und hören Sie sich dabei zu. Sie zielen nicht auf Lautstärke, tragende Kraft oder dramatische Effekte ab, sondern auf wahres Verständnis des Textes. Das ist die Art, in der in Ritualen gesprochen und zugehört werden muß. Sie müssen Ihre Aufmerksamkeit auf die Worte lenken, sie auf ihre Bedeutung hin analysieren, ihnen Zeit geben, daß sie verstanden werden können, und sie in Ihre innere Wahrnehmung einsinken lassen.

Dies ist wiederum eine einfache Übung, die eine viel größere Wirkung haben wird, als Sie sich vorstellen können. Wiederholen Sie die Übung mit verschiedenen Worten, Gebeten, Liedern, Geschichten und Prosastücken, bis Sie mit dem Ergebnis wirklich zufrieden sind.

Vorbereitung auf Meditation und Ritual

In vielen Büchern über magische Rituale wird eine Vielfalt an Bannungsriten geschildert. Sie reinigen und leeren den Raum, in dem die okkulte Arbeit durchgeführt wird, aber manchmal wird vergessen zu erwähnen, wie wirkungsvoll diese Rituale tatsächlich sein können. Novizen werden ermutigt, Tag und Nacht magische Kreise um sich zu ziehen, so daß sich keine bösen Einflüsse bilden und sich auf sie stürzen können. Sicherlich ist es notwendig, die psychische Atmosphäre zu reinigen, wenn Sie in einem Raum meditieren wollen, in dem die Familie gerade einen Streit hatte, oder wenn Sie von äußeren Geräuschen und Ablenkungen sehr gestört werden, aber dann und nur dann sollte ein Bannungsritual durchgeführt werden. Andernfalls wird ein solches Ritual auch Liebe, Fürsorge, Freundschaft und all die guten Dinge aus Ihrem Leben bannen, da es sehr rasch dunklere Energien bewegen wird. Einsamkeit kann sich einschleichen und dumpfe Verzweiflung, die oft einer dunklen Kraft zugeschrieben wird, aber was man wirklich wahrnimmt, ist die entstandene Leere, die vorher mit Klängen und unterschwelligen, wohlwollenden Energien gefüllt war.

Es ist sinnvoll, sauberzumachen und aufzuräumen, bevor man sich zu einer einfachen Meditation hinsetzt, denn es hilft, den Geist vorzubereiten und den Körper zu beruhigen. Es ist auch nützlich, sich Notizbuch und Bleistift bereitzulegen oder einen Kassettenrekorder, wenn man es vorzieht, seine Notizen auf Band zu sprechen. Vielleicht mögen Sie den Duft von Weihrauch oder Räucherstäbchen und gedämpftes Licht für eine ruhige Atmosphäre; alle diese grundlegenden Dinge sollten bereitstehen, bevor Sie beginnen. Sie sollten sich ein wenig strecken und entspannen und vielleicht sogar einige ärobische Übungen machen, um Spannungen in Hals-, Rücken- und Gesichtsmuskeln zu lockern, so daß Sie friedvoll in Ihre Meditation sinken können. Anstatt ein Bannungsritual durchzuführen, beginnen Sie besser mit der folgenden, einfachen Übung, die Sie dazu bringt, über Ihren Platz im Universum nachzudenken, und Ihnen hilft, Ihre magische Persönlichkeit aufzubauen.

Übung vier – Die Magie beginnt

Schaffen Sie sich im Haus oder im Freien einen freien Raum und stellen Sie sich in der Mitte auf, die Füße schulterbreit auseinander und die Knie leicht gebeugt. Atmen Sie ein paarmal tief ein und werden Sie ruhig und gelassen. Wiederholen Sie langsam und voller Aufmerksamkeit die folgenden Sätze. Jeder wird von einer Geste begleitet, die sich von selbst ergeben wird, wenn Sie die Übung durchführen.

Sagen Sie: »Unter mir ist die Erde, die Mutter meines physischen Seins.« Warten Sie einige Augenblicke, und sagen Sie dann: »Über mir ist mein Leitstern, der für immer scheint.« Nach einer Pause: »Hinter mir sind die Erinnerungen, die ich befreie« und dann »Vor mir ist das Licht, das ich entdecke.« Dann: »Zu meiner Rechten kommt die Kraft des Verstandes« und »Zu meiner Linken fließt das Wissen der Heilung.« Nach einer Pause: »Um mich ist die Freude aller Jahreszeiten« und »In mir offenbart sich die Weisheit.« Das mag Ihnen nicht sehr kraftvoll erscheinen und doch enthält es die Schlüssel zu magischem Gleichgewicht und Erleuchtung. Versuchen Sie zu verstehen, was gesagt wird, und beobachten Sie, wie Sie und Ihr Bewußtseinszustand sich verändern.

Sie können diese Worte vor und nach einer Meditation verwenden, um Ihren Übungen formale Grenzen zu setzen. Später werden Sie Ihre eigenen rituellen Aussagen, Gebete oder Invokationen schaffen können, aber halten Sie sich für den Anfang an die obigen, einfachen Sätze. Allmählich werden Sie die dazugehörigen Gesten herausfinden, und die Kraft der Energie, die Sie geweckt haben, wird sich in Ihnen rühren. Das kann eine eigenartige Erfahrung sein, besonders für Menschen, die daran zweifeln, daß Magie funktioniert. Am schwersten zu akzeptieren ist, daß alles, was Sie mit magischer Absicht tun, gleichgültig ob es wichtig oder weniger wichtig ist, eine deutliche Wirkung haben wird, auch wenn Sie sie noch nicht erkennen können. Seien Sie daher sehr vorsichtig, wenn Sie Rituale ausprobieren. Wenn Sie unerfahren sind, probieren Sie nur jene Übungen aus, die zur Schulung von Anfängern entworfen wurden; spielen Sie zu Ihrer eigenen Sicherheit nicht mit schwierigen Ritualteilen aus anderen Büchern herum. Jeder Ritus wird einige Tore öffnen, und bevor Sie nicht langsam und sanft geschult worden sind, diese Tore willentlich zu öffnen und zu schließen, sollten Sie sie in Ruhe lassen.

Später einmal, wenn deutlich geworden ist, daß der Weg der rituellen oder zeremoniellen Magie der ist, dem Sie folgen wollen, werden Sie vermutlich eine spezielle Robe tragen, einen magischen Kreis schaffen, ihn segnen lernen und tief in die gereinigte Atmosphäre einsinken, um größere Wissensquellen und innere Führung zu erreichen, aber am Anfang ist es wichtig, langsam vorzugehen, Schritt für Schritt. Sie werden vielleicht versucht sein herumzupfuschen, Bruchstücke aus einer Vielfalt von Quellen auszuprobieren und Traditionen, Symbole und Arbeitsmuster miteinander zu vermischen, aber langfristig gesehen würde Ihnen das nicht wirklich helfen, weil es Sie einfach verwirren und verstören würde, was dazu führen kann, daß Sie das Vertrauen in Ihr Selbst und in die ewigen Mysterien, die Sie zu studieren wünschen, verlieren. Seien Sie bei diesen ersten Schritten sehr behutsam, dann wird der Weg klarer, sicherer und geradliniger vor Ihnen liegen, und Ihre eigenen Geschicklichkeiten und intuitiven Fähigkeiten werden sich langsam entwickeln. Sie werden Kontrolle über Ihr Wachleben bekommen, weil Sie Vertrauen haben werden, und durch die Erinnerung und das Verständnis Ihrer Träume werden Sie Einblicke in die Zukunft, Vergangenheit und Ihren Platz im Universum und seiner Evolution erhalten.

Einstimmen

Die beunruhigenden Energien und die erhöhte Wahrnehmungsfähigkeit, die Sie vielleicht feststellen werden, wenn Sie mit der magischen Ausbildung beginnen, waren schon immer da, aber Sie waren sich ihrer nicht bewußt. Es ist etwa so, als hätte Ihnen jemand, nachdem Sie jahrelang nur Radio gehört haben, einen Fernseher geschenkt. Anstelle bloßer Klänge, die aus dem Äther in Ihr Radio kommen, haben Sie nun auch Bilder. Die Klang- und Lichtfrequenzen sind schon immer dagewesen, aber jetzt haben Sie das Gerät, um die Signale zu empfangen.

Wahre Magie besteht hauptsächlich darin, sich in bestimmte Symbole, Mythen oder Gottformen, die für die jeweilige Arbeit benötigt werden, einzustimmen. Während seiner Ausbildung beschäftigt sich der Magier zum größten Teil damit, daß er seine persönliche Erinnerungsbank mit diesen Daten füllt, und wenn Sie einmal gelernt haben, welche Gottform in einem Pantheon zu welcher gehört, was ihre Symbole, Farben, Formen und mythischen Tiere sind, dann haben Sie das Grundmuster für jedes Ritual zu jedem Zweck. Man kann das mit einer

Reihe von Fernsehkanälen vergleichen, aus denen Sie Ihr zukünftiges Programm auswählen können. Wie beim Fernsehen, können Sie sich nur ein Programm gleichzeitig ansehen, auch wenn Ihr Videorekorder ein weiteres für Sie aufzeichnen kann. Sie werden sich auf einen Kanal konzentrieren müssen, auf eine Tradition magischer Symbolik und Mythologie, statt von einer zur anderen zu wechseln und dabei zu vergessen, welcher Gott oder welche Göttin in dem Pantheon, mit dem Sie begonnen haben, für eine bestimmte Arbeit zuständig ist. Hausarbeit und ernsthaftes Studium sind wesentlich, damit Sie im gegebenen Augenblick nicht vergessen, was Sie brauchen.

Übung 5 – Einem Mythos begegnen

Wählen Sie aus einem Buch, das Sie sorgfältig gelesen haben, eine Figur aus. Das kann ein zeitgenössischer Roman sein, ein Volksmärchen, eine Legende oder eine Science-fiction-Erzählung, Voraussetzung ist, daß Sie ziemlich viel über die Person wissen, die Sie für diese Übung ausgewählt haben. Schließen Sie zunächst wieder die Welt aus. Setzen Sie sich dann bequem und entspannt auf Ihren aufrechten Stuhl, atmen Sie tief und gleichmäßig, fühlen Sie, wie die Spannung beim Ausatmen weicht, und atmen Sie Gelassenheit und magische Wahrnehmung ein. Sie können die Übung »Die Magie beginnt« anwenden, wenn sie Ihnen hilft, Ihren Bewußtseinszustand zu verändern. Schließen Sie die Augen.

Imaginieren Sie, wie die Gestalt, die Sie ausgewählt haben, vor Ihnen steht oder sitzt, sehen Sie so klar wie möglich ihr Gesicht, ihre Kleidung und vielleicht die Umgebung. Warten Sie, bis sie vollständig vor Ihrem inneren Auge erscheint. Dann können Sie sie etwas über ihre Geschichte fragen, und wenn Sie völlig in die innere Welt eingetreten sind, werden Sie eine Antwort hören. Sie werden vielleicht mehrere Anläufe brauchen, um die Gestalt ganz ins Bild zu bekommen, und einige weitere, bis sie gewillt ist, Ihre Fragen zu beantworten. Aber Sie werden vermutlich erstaunt sein, welche Art von Antworten Sie auf diese Weise erhalten, wenn Sie die Grundübung so lange durchführen, bis etwas geschieht.

Wie bei den vorhergegangenen Übungen brauchen Sie auch hier Ausdauer, damit Sie die Gedankenmuster des Sehens, Hörens und Kommunizierens auf anderen Realitätsebenen beherrschen, wenn Sie beginnen ein Ritual durchzuführen. Andernfalls würden Sie blind und taub in das Ritual gehen und könnten mit den einzelnen Engeln oder Göttern, die Sie um Rat, Führung oder praktische Hilfe bitten wollen, nicht kommunizieren. Sie würden unfähig sein, ihre Anwesenheit zu erkennen oder etwas Nützliches aus dem Ritus herauszuholen. In der oben genannten Übung »imaginieren« Sie die Figur und wahrscheinlich »imaginieren« Sie auch die Antwort auf Ihre Frage oder die etwaige ausgiebige Konversation, die folgt, aber dennoch ist es eine sehr gute Praxis.

Obwohl diese Übungen Ihnen beim Lesen sehr einfach erscheinen werden, werden Sie, wenn Sie keine Erfahrung mit magischer Arbeit haben, von zwei Dingen überrascht sein. Erstens finden es manche Menschen außerordentlich schwierig, auch nur einige Minuten lang still zu sein und sich zu konzentrieren, während andere wiederum, die niemals die Fertigkeiten verloren haben, die sie als Kinder hatten, die Grundübungen sehr einfach finden. Zweitens werden Sie vielleicht erstaunt sein, welche tiefgreifenden Wirkungen diese ersten Schritte haben können. Die Ruhe und innere Stille kann nervtötend sein, das plötzliche Bewußtwerden des eigenen Atems und Pulses sehr eigenartig. Die Macht der vertrauten Geschichte oder Legende, die verborgene Gefühle weckt und Emotionen freisetzt, kann ziemlich überwältigend sein, aber zunächst müssen Sie erkennen können, daß dies geschehen kann.

Lernen Sie, starke Gefühle zu akzeptieren, fühlen Sie sich frei in Ihren Reaktionen und Antworten, denn sie fügen dem Gelingen Ihres Zauberspruches oder Ihrer Absicht Energie zu. Sie sollten solche emotionalen Ausbrüche auch von Ihren Gefährten ohne Beurteilung und Verlegenheit akzeptieren. Diese Dinge sind ein klares Zeichen dafür, daß Sie den magischen Talenten in sich freien Lauf lassen, obwohl Sie sich völlig bewußt sein sollten, daß ein magisches Ritual weder eine Entschuldigung für Überdramatisierung, noch für Wutausbrüche oder Ärger ist. Jede Reaktion sollte vom Herzen kommen und nicht gespielt sein. Wenn Sie von Ihrem Fest, Zauber oder religiösen Ritual nicht tief bewegt werden, werden Sie einige der früheren Übungen wiederholen müssen, bis Sie voll in das Mysterium eintreten und zulassen können, daß etwas mit Ihnen geschieht.

Der Kreis, das Quadrat und die Sphäre

Wenn Sie nun ein Ritual »mit Intention«, wie wir sagen, durchführen, werden Sie einen bestimmten Satz von Gedankenbildern aufbauen, und jene unter uns, die hellseherische Fähigkeiten besitzen, können diese Gedankenformen als Abbilder in der plastischen Substanz des Astrallichts sehen. Diese Bilder formen die leitenden Kanäle für die inneren Energien, die wir in unsere persönliche Sphäre herabrufen.

Die hohe Schule der Magie
W.E. Butler

Jede Art von ritueller Arbeit erfordert einen Ritualraum, auch wenn Sie allein sind und nur Ihre tägliche Meditation durchführen, was Sie sicher für den Rest Ihres Lebens in irgendeiner Form tun werden, wenn Sie Ihr Studium ernst nehmen. Dieser Raum kann eine kleine Fläche rund um Ihren Sitz sein, die geistig abgegrenzt und von einer Aura der Gelassenheit und Licht umgeben ist, oder es kann ein richtiger Tempel sein, ein Raum, der magischen Arbeiten vorbehalten ist. An diesem besonderen Ort können das gesamte Mobiliar, die Ausstattung und die rituellen Gegenstände aufgestellt sein – geweiht und bereit zum rituellen Gebrauch. Auch wenn dieser Raum ganz der magischen Arbeit gewidmet ist, wird es notwendig sein, ihn jedesmal, bevor er verwendet wird, erneut zu weihen, nicht weil er vielleicht unheilig geworden wäre, sondern weil der Praktizierende, der sich zwischen der äußeren Welt und der Welt der Magie bewegt, störende Schwingungen mitbringen kann. Es muß uns möglich sein, den magischen Kreis zu betreten, alle störenden Gedanken auszuschließen und sie willentlich durch mystische Bilder zu ersetzen, deren mentale Beschreibung und Visualisation jene wesentliche Veränderung in unserem Bewußtsein bewirken, aufgrund derer die Magie funktioniert.

Der Kreis

Das Konzept vom magischen Kreis ist sehr alt. Der vielleicht früheste heilige Ring wurde von den tanzenden Flammen eines Feuers oder vom flackernden Licht einer einzelnen Lampe gebildet. Der Kreis ist ein Ort des Lichts, aus dem jede sichtbare und mentale Dunkelheit gebannt ist. Gewöhnlich wird er noch immer, zumindest teilweise, von einer echten Kerzenflamme oder dem Licht einer Öllampe erleuchtet. Schon das allein kann jene sehr wichtige Bewußtseinsveränderung auslösen, die sowohl Meditationen als auch Ritualen Wert und Kraft verleiht. Wenn Sie keinen magischen Bewußtseinszustand erreichen können, werden Chanten, Stabschwingen, Invozieren von Engeln, Weihrauch, Symbole und Worte der Kraft keine Wirkung haben. Durch diese kleine Konzentration Ihrer Aufmerksamkeit auf die inneren Reiche wird jedoch alles möglich werden. Lernen Sie durch regelmäßige Konzentration und harte Arbeit, diesen Zustand zu meistern, und Sie werden Ihren eigenen, geheimen Ort zum Leben erwecken, den Kreis der mächtigen Monolithen von Stonehenge, den Kreis der uralten Marksteine manch einer alten Stätte, die Wächterbäume des alten Waldes oder ein Muster geschnitzter Säulen aus den herrlichen Tempeln der Klassik. Obwohl Sie sich anfänglich vielleicht zu einer einfachen Traditon hingezogen fühlen, werden Sie, wenn Sie gemeinsam mit anderen Menschen rituell arbeiten, alle Arten von

Szenarien akzeptieren müssen. Es ist wichtig, daß Sie jede magische Szenerie so deutlich fühlen können, daß sie um Sie herum real wird. Innerhalb dieser, von Ihrem Geist aufgebauten Wände wird das Zentrum Ihrer Kraft liegen; von diesen dargestellten Szenen werden Ihre Hilferufe ausgesandt werden, und an diesen geheiligten Ort werden die Antworten zurückkommen. Wenn der Kreis rein »in Ihrer Imagination« bleibt, wird er weder die Stärke haben, Ihr intuitives Selbst zu beschützen, noch wird er Ihren Willen enthalten und aussenden.

Übung 6 – Der Kreis des Lichts

Sie sitzen völlig still in einem dunklen Raum mit einem Nachtlicht oder einer kleinen Kerze in einem zugsicheren Behälter.

Werden Sie ruhig und ausgeglichen. Die Augen sind offen. Sie entspannen sich und atmen tief und langsam. Dann zünden Sie die Kerze an und warten, bis sich die Flamme beruhigt hat. Stellen Sie die Kerze so auf, daß Sie sie ohne Anstrengung sehen können. Schließen Sie halb Ihre Augen und blicken Sie in die Flamme. Sie sollten vom Herz der Flamme aus regenbogenfarbene Fäden sehen können; dieser Effekt ergibt sich, wenn Sie durch die Wimpern schauen, und als Ergebnis sehen Sie so etwas wie die Aura der Flamme.

Nehmen Sie den Lichtkreis wahr, der sich von dieser kleinen Quelle nach außen verbreitet. Seien Sie sich bewußt, daß er sich nicht nur seitlich, sondern auch nach oben und zumindest theoretisch auch nach unten ausbreitet. Machen Sie sich bewußt, daß das Licht unter perfekten Bedingungen, würde es zum Beispiel über der Spitze eines hohen Berges schweben, unendlich weit in alle Richtungen strahlen könnte.

Fühlen Sie um sich eine große Lichtsphäre, in der Sie selbst das Zentrum sind, als befänden Sie sich innerhalb der

Kerzenflamme. Nehmen Sie die strahlenden Grenzen dieser Sphäre wahr und sehen Sie das glänzende, weiß-goldene Licht um sich herum. Dann schließen Sie die Augen, sehen aber weiterhin die Kugel aus goldenem Licht, in der regenbogenfarbige Fäden funkeln, die die Energie Ihrer eigenen Aura darstellen. Bleiben Sie in der Sphäre ruhig und still. Entdecken Sie Gefühle der Ruhe und des Friedens, der Stille und Erwartung.

Das ist der Ausgangspunkt für viele magische Reisen, die Sie in Zukunft vielleicht machen werden, daher ist es wichtig, daß Sie diese Grundvisualisationen völlig beherrschen. Wiederholen Sie diese Übung so lange, bis Sie die Lichtsphäre und ihre zunehmende Kraft deutlich wahrnehmen, und gehen Sie erst dann zu den weiteren Übungen über. Sie werden die Lichtsphäre nicht nur um sich selbst aufbauen, sondern sie auch auf jeden Ort, den Sie für Rituale weihen, ausdehnen müssen.

Die vier Himmelsrichtungen und die vier Elemente

Sie werden lernen müssen, die vier Himmelsrichtungen zu erkennen und eine Reihe von Dingen zu finden, die mit ihnen in Verbindung stehen. Das können physische Gegenstände sein oder Vorstellungen, Engel oder unsichtbare Kräfte, mit denen Sie Ihre Arbeit ausgleichen können. Es ist sinnvoll, sich einen kleinen aber genauen Kompaß zu kaufen, besonders wenn Sie vorhaben, bei Nacht durch die Landschaft zu wandern. In einem solchen Fall ist eine gute Orientierung nicht nur von rituellem Nutzen.

Im Haus haben Sie vielleicht die Möglichkeit, einen ständigen Altar einzurichten und die vier Himmelsrichtungen mit den dazugehörigen Symbolen zu markieren. Nach und nach werden Sie sich eine Sammlung von nützlichen Ritualgegenständen zulegen: Kerzenständer, Kelche und kleine Schüsseln, einen oder zwei Stäbe und ein scharfes Messer. In früheren Zeiten hatten die meisten Magier ein Ritualschwert, was viele von uns auch heute noch haben, aber das ist ein Symbol, das auch durch ein weniger eindrucksvolles Messer ersetzt werden kann. Das gleiche gilt für das berühmte »Athamen« der Hexen, ein Ritualmesser mit schwarzem Griff. Ein Schweizer Offiziersmesser sieht auf dem Altar vielleicht nicht so gut aus wie ein schwarzgriffiger Dolch mit eingeritzten Runen, ist aber unter Umständen wesentlich praktischer!

Natürlich können Sie sich eine komplette Ritualausrüstung kaufen, aber es wird Ihre Arbeit sehr viel effektiver machen, wenn Sie alle Dinge, die Sie brauchen, nach und nach selbst herstellen oder finden und weihen. Auf jeden Fall wird es Ihre magischen Sinne wecken, Ihren Instinkt schärfen und Ihnen ausgezeichnete Möglichkeiten geben, einige der praktischen Fertigkeiten zu erlernen, die Sie für die Rituale brauchen. Vielleicht möchten Sie ein besonderes Gewand nähen, ein persönliches Pentakel entwerfen und all die anderen Gegenstände entdecken, reinigen und weihen. Im Laufe der Zeit werden Sie eine Menge magischer Geräte angesammelt haben, für die Sie weniger mit Geld als mit persönlichem Einsatz bezahlt haben.

Es gibt viele verschiedene Möglichkeiten, die Elemente Luft, Erde, Feuer und Wasser den vier Himmelsrichtungen zuzuordnen, und jede ist richtig – für den, der sie entwirft und damit arbeitet. Sie können ganz von neuem beginnen und Ihre eigenen Zuordnungen finden, aber im allgemeinen ist es einfacher mit den am häufigsten verwendeten Zuordnungen zu arbeiten und später das, was Ihnen notwendig erscheint, zu ändern. Am besten betrachten Sie zuerst die vier Elemente und ihre magische Wichtigkeit und gehen dann zu den grundlegenden Ausstattungsstükken über.

Erde

Der Norden ist in den meisten Gebieten der nördlichen Hemisphäre der Ort der Erde. Das ist das Fundament, auf dem Ihr geistiger, magischer Tempel erbaut wird, und die Grundlage all Ihrer praktischen Arbeit. Wenn Sie eine gute Beziehung zum Element Erde hergestellt haben, werden alle anderen Dinge leichter und sicherer werden. Das Element Erde stellt Ihren physischen Körper dar, der in der Magie sehr wichtig ist, denn ohne Körper gibt es keine Magie! Wenn Sie auf Ihr physisches Wesen achtgeben, es lieben lernen, ihm ordentlich zu essen geben und aufhören, es mit Rauch und Chemikalien, die ihm schaden, zu vergiften, wird es Ihnen als Tempel Ihres magischen Willens dienen, der immer anwesend und bereit ist, dem höheren Zweck zu dienen. Akzeptieren Sie, daß die Magie von wirklichen Dingen und nicht von imaginären Idealen unterstützt wird, daß die physische Welt wichtig ist und daß auch die Gegenstände, die Sie für Ihre magische Arbeit herstellen oder erwerben, mit Sorgfalt behandelt und respektiert werden müssen, weil sie heilig sind oder es bald sein werden.

Die offensichtlichsten Dinge, die mit der magischen Erde assoziiert werden, sind Steine, echte Erde oder Sand, Schiefer oder Holzstücke. Kristalle gehören, obwohl sie unter der Erde entstehen, zum Geist oder Äther, dem fünften Element, und werden, zumindest am Anfang, am besten getrennt behandelt. Das Symbol, das Sie auf Ihren Altar stellen, kann ein flaches Pentakel sein, eine Tonschüssel, ein Holzteller oder ein rundes Brotschneidebrett, das geschnitzt oder mit der Darstellung Ihrer Gefühle über Erde bemalt sein kann. Es könnte eine runde Marmorscheibe sein oder sogar ein Naturschiefer oder Stein, auf den Sie das Brot für Ihre Kommunion legen können. Vielleicht möchten Sie einen kleinen Tonteller haben, in dem loses Material wie Salz aufbewahrt werden kann, wenn Sie es bei der Kommunion, zu der in vielen magischen Zirkeln Brot, Wein und Salz gehört, verwenden wollen. Ein weiteres Erdsymbol ist das Lamen; das ist ein kleiner Anhänger, der an einem Band oder einer Schnur um den Hals getragen wird und ein natürlich gelochter Stein, ein Fossil oder eine Holzscheibe sein kann, die mit Erdbildern bemalt ist, oder ein Ring aus Stein- oder Samenperlen (obwohl diese durch Austrocknen an Fruchtbarkeit und Leben verlieren). Es wird von der Komplexität Ihrer Rituale abhängen, wieviele und welche Erdsymbole Sie brauchen. Im Lauf der Zeit werden Sie sicher eine Reihe davon entdecken.

Wasser

Das nächste Element, das Sie sich ansehen müssen, ist Wasser. Hier begeben Sie sich auf das Gebiet der Emotionen, Gefühle und hellsichtigen Fähigkeiten grundlegendster Art; das Schlüsselwort heißt »Kontrolle«. Wenn Sie Ihr Temperament und andere starke Gefühle nicht kontrollieren können, werden Sie nie die Selbstkontrolle erlangen, die notwendig ist, um ein Ritual kraftvoll durchzuführen. Auf magische Weise erhält man Selbstkontrolle nicht durch Unterdrückung, sondern durch ehrliche und offene Erforschung seiner selbst und durch Meditation über die eigenen Unzulänglichkeiten, was zu Verständnis und in der Folge zu Kontrolle führen wird. Sie teilen diese Erde mit vielen Menschen und müssen lernen, für und mit anderen zu arbeiten.

Da das Hauptsymbol des Wassers der Kelch oder Becher ist, werden Sie den Zeitpunkt, an dem Sie bereit sind, mit diesem Element zu arbeiten, daran erkennen, daß jemand, der Sie liebt, Ihnen einen solchen schenken wird. Vielleicht ist es nur eine Kaffeetasse zu Ihrem Geburtstag, aber es zeigt, daß jemand Sie mag. (Bei einer Tombola eine Garnitur Weingläser zu gewinnen, gilt nicht!) Haben Sie ein solches Geschenk erhalten, können Sie sich auf die Suche nach einem großen Glaskelch machen, aus dem Sie Ihrer Gruppe den Kommunionwein reichen oder nach einem persönlichen Kelch, der für Ihre eigene Arbeit den Heiligen Gral und alle seine Mysterien darstellt. Die besten Ritualkelche sind aus Silber oder Glas-Symbole von Mond oder Wasser. Der Kelch kann aus jedem Metall bestehen, aus dem man ohne gesundheitliche Bedenken trinken kann, also aus Gold oder Zinn, aber Glas, das bemalt oder unbemalt sein kann, oder Keramik in einer wässrigen Farbe ist genauso gut. Vielleicht suchen Sie zusätzlich nach einer kleinen Schale, in der Sie das Wasser für die Westseite Ihres Altars bereithalten. Der Kelch sollte einen Stiel haben und groß genug sein, um einen ordentlichen Schluck daraus nehmen zu können. Lernen Sie, den Kelch mit beiden Händen an Ihre Gefährten weiterzugeben und ihn auch auf diese Weise zu empfangen. Meditieren Sie darüber, warum das notwendig ist.

Wasser wird gewöhnlich dem Westen zugeordnet, wo wir in Großbritannien den Atlantischen Ozean sehen, die untergehende Sonne, die Herbstschatten in den Wäldern und das gedämpfte Licht der Abendzeit. Gehen Sie im Regen spazieren, oder meditieren Sie bei Sonnenuntergang an einem Strand, beobachten Sie die sich ständig verändernden Bilder der Wolken, die sich im Fluß widerspiegeln oder in der Nacht die Sterne in einem tiefen Teich. Erschließen Sie Ihre Gefühle und lernen Sie, sie ehrlich zu zeigen. In einem Ritual können solche Emotionen durch die Art der Arbeit geweckt werden. Wenn Sie einen Dank aussprechen, werden Sie vielleicht in Hochstimmung sein; wenn Sie sich an jemanden erinnern, der gestorben ist, werden Sie vielleicht weinen. Lassen Sie diese Gefühle ohne Furcht oder Verlegenheit zu. Besonders in heidnischen Ritualen verstärkt die emotionelle Energie die Kraft des Rituals, und wenn Sie daran teilnehmen, müssen Sie bereit sein, das Gefühl des Danksagens, des Willkommenheißens der Göttin oder woran Sie auch arbeiten, zu erleben.

Wasser wird zum Segnen des Kreises und der Teilnehmer verwendet und zur rituellen Reinigung der magischen Geräte während ihrer Weihe und Widmung für die Arbeit. Man kann einen Zweig mit Blättern oder ein Kräuterbündel verwenden, um das Wasser zu versprengen. Vor jeder ernsten Arbeit wird es Ihnen helfen, ein rituelles Bad oder eine Dusche zu nehmen, die Ihren Körper reinigt und Ihren Geist entspannt und vorbereitet. Sollte das unmöglich sein, wird es genügen, sauberes Wasser über Hände und Gesicht laufen zu lassen, und diese zeremonielle Reinigung kann Teil der Eröffnung Ihres Ritus sein. Wenn Sie die Möglichkeit haben, verwenden Sie eher natürliches Quellwasser als Leitungswasser, es ist besser und kann anstelle von Wein auch für die Kommunion verwendet werden. Es wird Ihnen zugute kommen, herauszufinden, wo das nächste Heilbad, die nächste Heilquelle oder das nächste trinkbare Quellwasser ist. Diese Quellen waren allen alten Völkern sehr heilig.

Feuer

Als nächstes werden Sie sich mit Feuer beschäftigen müssen, das normalerweise durch die Flamme einer Kerze oder einer Glaslaterne symbolisiert wird. Sie werden Lieferanten von brauchbaren Kerzen für Ihre Arbeiten finden müssen. Wenn Sie ein Novize sind, werden die gewöhnlichen, weißen Haushaltskerzen am besten sein. Später können Sie Ihre eigenen Kerzen in bestimmten Farben und Formen, je nach Ritual, herstellen oder das einem Mitglied Ihrer Gruppe überlassen.

Am Anfang werden Sie vier sichere Kerzenhalter benötigen, um einen in jede Himmelsrichtung zu stellen, oder vielleicht nur einen einzigen für den Altar, wenn Ihre Riten einfacher sein sollen. Sie werden ein Gefäß für das Nachtlicht im Zentrum Ihres Arbeitsraumes brauchen. Dieses kann aus gefärbtem Glas sein, das in einen Metallbehälter eingefaßt ist, und vielleicht sogar an Ketten von der Mitte der Zimmerdecke hängen. Denken Sie jedoch daran, daß es in Reichweite sein muß, damit Sie das Nachtlicht anzünden und auswechseln können. Sehen Sie sich nach langen, dünnen Kerzen um, mit denen Sie die Flamme im Kreis herumreichen oder große Kerzen in tiefen Kerzenhaltern anzünden können.

Gehen Sie vorsichtig mit Flammen um. Magische Gewänder sollten, wenn möglich, aus nicht brennbarem Material bestehen, aber auf jeden Fall sollten Sie immer Vorsicht walten lassen, wenn Sie mit Feuer hantieren. Ein Feuerlöscher ist vielleicht nicht der schönste Gegenstand der Welt, aber er könnte Ihr Leben retten, wenn es einen Unfall gibt. Die gleiche Vorsicht gilt, wenn Sie etwas im Freien anzünden, denn eine kleine Flamme kann einen ganzen Wald oder eine ganze Stadt niederbrennen, und man braucht nur einen Augenblick lang unaufmerksam zu sein, und ein Funke kann sich entzünden.

Feuer hängt mit dem Süden zusammen, mit Mittag, Sommer, dem Sonnengott, Energie und männlicher Kraft. In der Natur erlebt man es als Blitz, Vulkane und gelegentlich als »Spontanentzündungen«, wenn sich zum Beispiel verrottendes Heu erhitzt und in Flammen ausbricht. Sie werden vielleicht Sumpfgas erlebt haben und das eigenartige Irrlicht, das mit flackernden, blauen Flammen brennt, wenn Methangas sich über stehendem Wasser entzündet. In uns wird Feuer als Energie, Enthusiasmus und Entschlossenheit erlebt, und im Ritual wird es oft durch einen Dolch oder ein Schwert symbolisiert. Wie Flammen können auch scharfe Klingen in einem engen magischen Kreis gefährlich sein, aber eine stumpfe Klinge ist nutzlos.

Luft

Das letzte irdische Element ist Luft, der Atem und die Macht des Intellekts. Luft ist die Morgendämmerung, der Osten, der Wind, der Stab und die süßen Düfte der Räucherungen, der Blumen und ätherischen Öle. Luft ist das konzentrierte Bewußtsein, jene subtile, unsichtbare Kraft hinter all unseren Taten, der Herrscher über Träume und Visionen, der Überbringer von Gesundheit oder Krankheit und die grundlegende Kraft, durch die unsere magischen Wünsche von der Imagination in die Realität gebracht werden. Wir haben erst in diesem Jahrhundert durch die Entwicklung der psychologischen Terminologie Möglichkeiten bekommen, um zu beschreiben, was in unserer Psyche und in unserem Bewußtsein vor sich geht. Zuvor klangen die Beschreibungen der Reisen in die inneren Reiche wie Schilderungen echter physischer Reisen, nicht wie die magischen Pfadarbeiten, die wir verwenden, um andere Reiche und Ebenen des Bewußtseins zu betreten. Wenn Sie lesen, daß ein Magier »in einen Hügel eintrat und sich im Feenland wiederfand« oder »durch die Luft flog, um das Reich des Königs der Winde zu betreten«, schien das ein echtes Betreten der Unterwelt zu sein oder – in Zeiten, bevor es Flugzeuge oder Gleiter gab – ein echter Flug. Wir wissen, daß dies mentale Reisen waren, auf denen das geschulte und befreite Bewußtsein in tiefer Meditation jedes Reich besuchen konnte, ein irdisches oder eines auf einem anderen Planeten, das Königreich der wilden Tiere, den Ort der himmlischen Heerscharen, ganz so wie wir es auch heute auf unsere inneren Reisen tun.

Die Geheimnisse des Stabes der Luft kennenzulernen, der den wahren Willen kontrolliert und lenkt und den entschlossenen Wunsch des Magiers darstellt, ist die härteste aller Aufgaben. Es klingt vielleicht recht einfach, den eigenen wahren Willen festzustellen. Sicherlich muß es das sein, was uns im Augenblick am meisten interessiert, was wir vom Leben und den Menschen um uns herum bekommen wollen. In magischen Begriffen ist das nicht der Fall. Ihr wahrer Wille muß sich auf das Hauptziel Ihres gegenwärtigen Lebens auf Erden richten, er ist nicht nur eine Marotte des Augenblicks, der Wunsch nach einem Gegenstand oder einem materiellen Ziel. Sie werden viele, lange Sitzungen in tiefer Meditation über dieses Thema verbringen müssen, denn solange Sie keine Ahnung von Ihrem magischen Ziel haben, werden alle Ihre Riten vergebens sein. Sie werden akzeptieren müssen, daß Ihre persönlichen Wünsche im Vergleich mit dem Zweck des Universums sehr klein sind. Nur wenn Sie sich die Dinge in einem größeren Zusammenhang ansehen, wird sich Ihr wahrer Wille vielleicht zeigen. Es gibt keine Abkürzung. Jeder Akt der Selbstsucht, der »Ich zuerst«-Mentalität, der materiellen Reichtum und Gewinn über das spirituelle Ziel setzt, wird von jenen inneren Kräften, die Sie um Beistand bitten wollen, mit Zurückweisung beantwortet werden. Sie werden bald lernen, daß Sie Teil eines größeren Ganzen sind, und daß alle Einzelpersonen, alle Teile, die Menschheit, die gesamte Natur, ja die Erde selbst miteinbezogen werden müssen, wenn Sie eine Arbeit planen.

Lernen Sie zu akzeptieren, daß Sie Teil des Musters sind, Teil des großen kosmischen Plans, und Sie werden wahre Einsicht erhalten und schließlich Weisheit, das größte Geschenk angewandter Intelligenz. Sie werden schrittweise durch Meditation lernen, was Sie durch magische Arbeit erzielen können, welche Arten von Zauber funktionieren, welche zu größerer Erleuchtung führen und welche Ihnen Vertrauen geben. Nur die Praxis wird Ihnen zeigen, wann Sie die Grenze überschritten haben.

Äther

Das letzte Element, das wir betrachten müssen, ist der Äther oder Geist. Magisch wird er auf vielfältige Art symbolisiert, durch die ewige Seele im Praktizierenden, durch den äußeren Kreis seiner magischen Arbeit, durch die Flamme in der Lampe, die im Zentrum seines Altars brennt und durch den Ring an seinem Finger, durch den er sich an seine geheime Kunst bindet. Das Recht einen magischen Ring zu tragen, den Sie nur während Ihrer Arbeiten anstecken, erwerben Sie sich, wenn Sie durch ernsthafte und ausgedehnte Meditation jedes der vier Elemente ausführlich kennengelernt und Kontrolle über die entsprechenden Aspekte in Ihrem eigenen Wesen erlangt haben.

Wie bei allen anderen Elementen, so gilt auch hier, daß Sie zuerst den Äther selbst verstehen müssen, bevor er seine spirituelle Kraft in Ihre Arbeiten bringt. Vielleicht wird das dazu führen, daß Sie Ihre Ansichten über Religion neu überdenken. Nicht alle Magier sind Heiden; viele halten sich vertrauensvoll an eine orthodoxe Religion, sie folgen ihr nicht blind, sondern aus einer freien und gründlich überlegten Wahl heraus.

Sie werden sicherlich von der Tafel der Korrespondenzen auf den Seiten 66–67 profitieren, und wenn Sie verstanden haben, was jeder Korrespondenzensatz für Sie bedeutet, sollte es Ihnen möglich sein, viele weitere Garnituren von vier oder fünf Dingen, Tieren, Göttern und Göttinnen, Räucherungen, symbolischen Formen oder Klängen Ihrer eigenen Wahl hinzuzufügen. Natürlich könnten Sie genausogut weitere Listen in anderen Büchern nachschlagen, aber bevor Sie fremde Zuordnungen akzeptieren, führen Sie zumindest eine Meditation über ihre wahre Bedeutung durch. Bevor Sie nicht erkannt haben, warum manche Dinge einem bestimmten Element zugeordnet sind, werden Sie keine Kraft aus Ihrer Verwendung ziehen können. Je mehr Sie versuchen, diese Dinge zu verstehen, desto mächtiger werden sie in Ihrem Ritual werden.

Damit Sie Ihre magische Persönlichkeit annehmen können, werden Sie eine Reihe kurzer Segnungs-Invokationen

Tafel der Korrespondenzen

Es gibt viele verschiedene Arten, den vier Himmelsrichtungen Symbole und Farben zuzuordnen; die Vorschläge hier sollen Ihnen helfen, mit Ihrer Arbeit zu beginnen. Wenn Sie mehr gelernt haben, können Sie diese Tabelle erweitern und variieren.

HIMMELRICHTUNG	OSTEN	SÜDEN
Tageszeit	Sonnenaufgang	Mittag
Jahreszeit	Frühling	Sommer
Element	Luft	Feuer
Magische Waffe	Stab	Schwert/Dolch
Altarsymbol	Weihrauch	Lampe
Kommunionssymbol	Duft	Hitze
Elemente-Symbol	🜁	🜂
Erzengel	Raphael	Michael
Sinneswahrnehmung	Hören/Riechen	Sehen
Sinneswahrnehmung nach Jung	Denken	Intuition
Kunstform	Poesie/Malerei	Tanz/Drama
Elementarwesen	Sylphen	Salamander
Polarität	männlich positiv	männlich negativ
Magisches Paradigma	Wollen	Wagen
Griechischer Windgott	Eurus	Notus
Musikalisches Instrument	Holzblasinstrumente, Harfe	Blechinstrumente
Farben	gold/weiß	scharlachrot
Mythologische Tiere	geflügeltes Pferd	Drache
Magische Künste	Divination	Ritual
Gottformen	Himmels-/Wettergott	Sonnen-/Schutzgott
Meditationsbilder und Themen	Himmel/Wolken Bergspitzen Fliegen Sonnenaufgang Weisheit und Wissen	Feuer/Flammen Vulkane durchs Feuer gehen Sonne am Mittag Energie und Kraft

WESTEN	NORDEN
Sonnenuntergang	Mitternacht
Herbst	Winter
Wasser	Erde
Kelch	Pentakel/Stein
Kessel	Teller
Wein/Wasser	Brot/Salz
▽	🜃
Gabriel	Auriel
Schmecken	Tasten
Fühlen	Empfinden
Musik/Lied	Skulptur/Stickerei
Undinen	Gnome
weiblich negativ	weiblich positiv
Wissen	Schweigen
Zephir	Boreas
Saiten/Glocken	Trommeln, Schlaginstrumente
blau/grün	schwarz/dunkelgrün
Seeschlange	Einhorn
Heilen	Talismane
Mond/Wasser-Göttin	Erde/Unterwelt-Göttin
Ozean/Flüsse	fruchtbare Landschaft
Seen/Teiche	Höhlen/Felsen
Leben unter Wasser	organisches Wachsen
untergehende Sonne	Mond/Sterne/Nacht
Heilen und Stille	Wachstum und Leben

finden oder schreiben müssen; Sie werden herausfinden, daß Sie Übung 4 auf Seite 47 dazu verwenden können, sich selbst zu segnen und Ihre Aufmerksamkeit auf den Zweck des Rituals zu konzentrieren. Verstehen Sie, was gesagt wird und lassen Sie zu, daß es für Sie Wirklichkeit wird. Wenn Sie ein besonderes Gewand oder eine Robe tragen oder sich einen einfachen Anhänger um den Hals hängen, werden Sie eine deutliche Veränderung in Ihren Gefühlen feststellen. Auch wenn Sie sich hinsetzen, Ziel und Ablauf Ihres Rituals planen, mental die Liste der Dinge, die Sie benötigen, durchgehen, Ihren Arbeitsraum reinigen und sich voll auf die bevorstehende Arbeit konzentrieren, werden Sie eine leichte Bewußtseinsveränderung zu Ihrem magischen Selbst hin feststellen.

Bevor Sie weitergehen, müssen Sie die acht Richtungen der Magie kennenlernen und völlig verstehen, welcher Punkt am Kompaß sich auf welche anderen bezieht. Stehen Sie still da und vergegenwärtigen Sie sich die vier Richtungen um Sie herum: vor Ihnen, hinter Ihnen, zu Ihrer Rechten und zu Ihrer Linken. Zusätzlich stellen Sie sich oben und unten vor. All dies spiegelt sich in der Art wider, wie Sie Ihre Alltagswelt sehen. Die letzten beiden Richtungen der Magie liegen in Ihnen selbst, nach innen zum Zentrum Ihres eigenen Universums und nach außen auf den weitesten Kreis der Erfahrung, Bewußtheit oder Wahrnehmung, den Sie sich vorstellen können.

Übung 7 – Der Aufbau einer Schutzsphäre

Stehen Sie still da und entspannen Sie sich, wenn möglich mit geschlossenen Augen (einige Menschen können mit geschlossenen Augen das Gleichgewicht nicht halten). Imaginieren Sie einen Kreis aus weiß-goldenem Licht, der Sie wie ein riesiger Ring umgibt, weit außerhalb der Reichweite Ihrer ausgestreckten Arme. Sehen Sie, wie er leuchtet oder funkelt, lassen Sie einen Punkt des Kreises auf die

Höhe Ihrer Hüften fallen und machen Sie sich zum Zentrum eines golden glänzenden Balles. Als nächstes sehen Sie den Kreis, der Sie von vorn und hinten in schimmerndem Gold-Weiß umschließt. Lassen Sie ihn zu Ihrer Rechten fallen, und wiederum sind Sie völlig in einem Ball magischen Lichts eingeschlossen. Zuletzt sehen Sie den Kreis, der Sie ungefähr auf der Höhe Ihrer Taille horizontal umgibt, in blassem Gold um Sie herum brennen und funkeln.

Stellen Sie sich vor, daß innerhalb dieser Kugel völliger Friede, völlige Ruhe und absolute Gelassenheit herrschen. Dann entdecken Sie, daß sich dieKugel zu teilen beginnt; das Innere beginnt zu schrumpfen, sich zusammenzuziehen und doch heller zu werden, um dann sanft in Ihrem Herzzentrum als Funke Ihres spirituellen Willens zu ruhen. Nehmen Sie die äußeren Schichten der Sphäre wahr, die riesig anwächst und sich über den Raum, die Straße, das Land und das Universum ausbreitet – ein strahlendes Licht der Liebe, des Vertrauens, der Freude und des Entzückens, diese Welt mit anderen zu teilen. Diese Sphäre werden Sie projizieren lernen müssen. Das ist eine magische Verteidigungsart, die Sie nur selten brauchen werden, und dann werden Sie die Kraft auch nur einen Augenblick lang halten müssen, während Sie Ihr Vertrauen stärkt und Ihnen Selbstkontrolle bringt. Verwenden Sie diese Übung am Beginn von Meditationen oder Ritualen.

Obwohl man diese vorbereitenden Übungen häufig in guten Büchern über magische Ausbildung findet, sind sie, wenn sie nicht wirklich in Fleisch und Blut übergehen, in etwa so nützlich wie ein Kochbuch für den Hungrigen. Magie besteht aus einer Reihe von praktischen Fertigkeiten. Beginnen Sie mit den einfachsten Übungen und probieren Sie sie aus. Arbeiten Sie mit dem, was Ihnen täglich begegnet, verstehen Sie es und entdecken Sie, wie die Zeit Ihrer Meditationen sich von den leeren, müßigen Augenblicken Ihres Tages unterscheidet. Sie können sicher sein, es gibt einen Unterschied. Wenn Sie keine offensichtlichen Veränderungen in Ihrer Wahrnehmung erzielen, wird es keine Magie für Sie geben!

Ausarbeitung

Nehmen Sie Ihren Kompaß zur Hand und stellen Sie fest, wo in Bezug auf den Raum, in dem Sie sich aufhalten, Norden liegt. Wo liegen dann Osten, Westen und Süden? Liegen die Himmelsrichtungen dort, wo die Wände sind, oder in den Zimmerecken? Das ist wichtig, denn wenn Sie mit der Symbolik der Elemente und Himmelsrichtungen zu arbeiten beginnen, müssen Sie wissen, wo was liegt.

Die Richtung, die am häufigsten als heilig angesehen wird, ist der Osten. Kirchen zum Beispiel haben den Hauptaltar fast immer im Osten, und die meisten Religionen erweisen dem Punkt des Sonnenaufgangs Verehrung, der in etwa, aber nicht genau dem Osten des Kompasses entspricht. (In England bewegt er sich im Sommer und Winter nach Norden und Süden und ist nur wirklich zu den Äquinoktien im Osten.) Osten ist der Ort des aufgehenden oder wiederkehrenden Lichts, wird durch den Stab oder die Lanze symbolisiert, die durch die Luft fliegt, und stellt den Atem des Schöpfers dar. Dem Osten gegenüber liegt der wässerige Westen, der Ort des Sonnenuntergangs und des Friedens. Wenn Sie gen Osten blicken, so liegt zu Ihrer Rechten der Süden, dessen magisches Symbol das Schwert ist, und zu Ihrer Linken ist der Norden mit dem Schild, dem Pentakel. So sind Sie ein bewaffneter Krieger, voll ausgerüstet, um jedem Feind entgegenzutreten.

Wenn Sie jedoch mit dem Norden arbeiten wollen, dem Ort der Erdmutter und des ewigen Polarsterns, dann halten Sie in Ihrer Rechten, der Hand des Ostens, den Stab, den Wanderstock, den Krummstab des Hirten und in Ihrer Linken den Becher oder Kelch des Westens. Sie empfinden Frieden, wachen über Ihre Herde und nippen an Ihrem heiligen Getränk.

Stellen Sie in den entsprechenden Himmelsrichtungen Symbole für Schild, Schwert, Kelch und Stab auf. Lernen Sie sie kennen, fühlen Sie ihre Kraft einzeln und vereinigt, auch wenn Sie noch nicht bereit sind, sich auf die Suche nach den echten Stücken zu machen oder sie herzustellen oder zu restaurieren. Meditieren Sie darüber, was jedes Stück für Sie bedeutet, ob es in dieser technologischen Zeit noch immer von Wichtigkeit und Wert ist, und wenn nicht, welcher Gegenstand sich für Ihre Zwecke besser eignen könnte. Magie ist ein ständig wachsendes und sich veränderndes System, das sich parallel zum Praktizierenden entwickelt.

Nehmen Sie der Reihe nach die Kraft jeder einzelnen Richtung wahr. Beobachten Sie die aufgehende Sonne und den Mond und den Ort, an dem beide untergehen. Spüren Sie den feuchten Westwind und die kalten Ostwinde, genießen Sie die Sommerhitze der Sonne an ihrem Höhepunkt und die tiefen, klaren, frostigen Nächte des Winters, wenn die sich bewegenden Leitsterne am ebenholzfarbenen Himmel funkeln. Lernen Sie die Konstellationen kennen, die Tierkreiszeichen und den Weg, den der Große Bär über den Polarstern nimmt, wenn die Nacht fortschreitet. In vielen heidnischen Arbeiten folgt der heilige Brennpunkt den sich drehenden Sternen durch das ganze Jahr. Zu Jule, der Zeit der Wintersonnenwende, ist die heilige Richtung der Norden, dann Nordosten für Lichtmeß, Osten für das Frühlings-Äquinoktium, Südosten für Beltane, Süden für die Sommersonnenwende, Südwesten zur Erntezeit, Westen zum Herbst-Äquinoktium, Nordwesten zu Halloween und wieder zurück zum Norden zur Jule-Zeit.

Wenn Sie in einem quadratischen oder rechteckigen Raum einen Kreis für Ihre Magie ziehen wollen, müssen Sie die Stühle für die vier Wächter der Himmelsrichtungen – wenn Sie welche haben – entweder außen herum aufstellen, oder der Kreis wird innerhalb des Quadrates der Stühle geformt, was ihn vielleicht klein ausfallen läßt, obwohl Sie ihn natürlich beim Aufbau in jede beliebige Größe nach außen projizieren können. Vielleicht ist es möglich, die Stühle in die Ecken des Quadrates zu stellen, um dadurch einen größeren Kreis in der Mitte zu bekommen. Der Altar braucht nicht sehr groß zu sein. Ein kleiner, viereckiger, aufrechter Schrank mit einem Samttuch bedeckt, wird genau das Richtige sein und Ihnen Raum für die Unterbringung von Roben, Kelchen, Räucherwerk und all den übrigen, notwendigen Utensilien geben. Ein billiges Vorhängeschloß wird Eindringlinge abhalten!

Im Freien werden Sie mehr Bewegungsraum haben, aber da ist es oft schwieriger, sich der Himmelsrichtungen sicher zu sein. Öffnen Sie jeden magischen Kreis, indem Sie sich im Uhrzeigersinn darum herumbewegen, und schließen Sie den Kreis, indem Sie sich gegen den Uhrzeigersinn darum herumbewegen. Das ist wichtig und sollte nicht übersehen werden. Wenn Ihr persönlicher Raum nicht groß genug zum Herumgehen ist, werden Sie sich jedoch zumindest umdrehen können müssen, um der Reihe nach in jede Himmelsrichtung zu blicken, wenn Sie die Kräfte des Ostens, Nordens und so weiter anrufen.

Der Bau des Tempels

Alle magischen »Requisiten« – das Schwert, der Stab, das Pentakel, die Kreise, Dreiecke und Sigillen, die Lampen, die Roben, der Weihrauch, die sonoren Worte der Invokation und die» barbarischen Namen« der Evokation – sie alle lösen einen kumulativen, suggestiven Prozeß aus, der auf das Unbewußte wirkt. Eine kumulative Suggestion führt zu einem – man könnte sagen – mentalen Hinaufschalten des Ganges und unterstreicht damit unsere frühere Definition von Magie als »die Kunst, willentlich Bewußtseinsveränderungen herbeizuführen«.

Das ist Magie
W. E. Butler

Ritualmagie hat viele Seiten; alle sind wichtig und alle müssen vom Ausübenden genau verstanden werden. Es wird mit Recht gesagt, daß magische Paraphernalien für den Adepten nicht notwendig sind, daß die wahren Rituale im Geist und in den subtilen, unsichtbaren Reichen stattfinden, bis sie sich als Veränderung in der physischen Welt manifestieren, und daß ein wahrer Magier seine Kunst zu jeder Zeit, an jedem Ort durchführen kann. Auch wenn diese Konzepte wahr sind, übersehen sie doch die Wichtigkeit der psychologischen Anteile in der esoterischen Arbeit. Es ist möglich, durch rein mentale Anstrengung Ergebnisse zu erzielen, aber das ist die mentale Leistung von jemanden, der viele Jahre mit physischen Instrumenten gearbeitet hat, mit dem echten Tempel und den wirklichen Gegenständen. Er hat sie verwendet, um seine Kunst zu praktizieren und seine Techniken zu verfeinern. Die Verwendung konkreter Gegenstände spielt bei der Meisterung der unsichtbaren Künste eine wesentliche Rolle, und nur wenige können wirklich darauf verzichten, wenn sie in der Ritualmagie Fortschritte machen wollen.

Es ist wichtig zu erkennen, daß die symbolischen Instrumente nicht nur »Requisiten« sind, sondern Werkzeuge, die für den Magier ebenso unentbehrlich sind wie Spaten und Schere für den Gärtner. Sicherlich arbeitet der Magier in einer anderen Dimension, denn er zielt darauf ab, rasche Resultate, vielleicht an einem anderen Ort, zu erhalten, während der Gärtner dafür arbeitet, physische Ergebnisse am gleichen Ort zu erzielen, aber zu einem späteren Zeitpunkt. Weder der Gärtner noch der Magier kann einen Kohlkopf schneller wachsen lassen, als es die Bedingungen erlauben! Wenn die Symbole, die die vier Elemente darstellen, innerhalb des Kreises, der für diese Zeitspanne gesegnet und gezogen wurde, richtig verwendet werden, setzt der Magier eine Veränderung in Gang, die sich im Lauf der Zeit zu dem, was er erreichen will, entwickeln wird. Oft zeigt sich die größte Wirkung in ihm selbst. Wenn er zum Beispiel um Weisheit gebeten hat oder um Verständnis eines Problems, wird er die Antwort vielleicht in einem Buch finden, in den Worten eines Freundes oder in einem Traum. Wenn er um ein materielles Objekt gebeten hat, wird er es im Geschäft zum Verkauf angeboten finden, oder es wird ihm als unerwartetes Geschenk gegeben. Sicherlich wird es sich nicht einfach in einer Wolke von süß-duftendem Rauch vor ihm materialisieren!

Die Ausrüstung in der Magie funktioniert wie eine Art Linse, die die Aufmerksamkeit voll auf das jeweilige Projekt richtet. Aus diesem Grund sind die Korrespondenzen so wichtig. Ursprünglich basieren sie auf den vier Elementen und in der Folge auf den sieben Planeten der alten Astrologie, die den meisten Menschen als die Herrscher der Wochentage bekannt sind: Mond, Mars, Merkur, Jupiter, Venus, Saturn und Sonne. Jedem wird eine lange Liste von Farben, Zahlen, Edelsteinen, Räucherungen, Göttern und Göttinnen, Symbolen, Pflanzen, Tieren, geistigen Konzepten, Engeln, Kräften, magischen Bildern und vieles, vieles mehr zugeordnet. Sie werden sich diese Listen aufbauen müssen, wenn Sie Planetenmagie verwenden und Ihren Willen erfolgreich lenken wollen. Alle diese Zuordnungen dienen als eine Art Telefonnummer und ziehen die Aufmerksamkeit einer speziellen Planetenkraft an, die die Macht hat, Sie in einem bestimmten Aspekt Ihrer magischen Arbeit oder Ihrer weltlichen Bedürfnisse zu unterstützen. Das Studium der Mythologie, der Symbolik und der vielen Schichten mystischer Korrespondenzen bildet einen großen Teil jeder praktischen Ausbildung eines Magiers. Ob Sie das überaus umfangreiche Material, das in kabbalistischen Schulen gelehrt wird, in Angriff nehmen oder mit irischen Mythen und keltischen Legenden arbeiten, um eine Datenbank aufzubauen, wird davon abhängen, wo Ihre Ausbildung verwurzelt ist; jedes System hat seinen Wert und wird Ergebnisse erzielen, aber es muß gelernt und gründlich verstanden werden, bevor es hilfreich sein kann.

Magie arbeitet durch Symbole. Wenn Sie Ihrem Inneren eine bestimmte Farbe, Anzahl von Kerzen oder die Umrisse eines Talismans zeigen, bitten Sie damit um eine bestimmte Art von Antwort, die Ihnen in Symbolen, Farben, Buchstaben oder in der Erscheinung eines bestimmten Tieres in Ihren Träumen gegeben werden kann, aber das wird bedeutungslos und nutzlos für Sie sein, wenn Sie nicht verstehen können, was Ihnen gezeigt wird. Es ist vergleichbar mit einem fremdsprachigen Redewendungsbuch, das Ihnen zwar die Wörter für eine bestimmte Frage gibt, aber keine Erklärung für die möglichen Antworten. Wie das Erlernen einer Fremdsprache, erfordert auch die

Magie Studium und Praxis und nicht nur den gelegentlichen Blick in ein Handbuch für Touristen. Bevor Sie die Grundelemente der magischen Techniken nicht gemeistert haben, werden die Antworten, die Sie bekommen, wahrscheinlich unverständlich für Sie sein. Aus diesem Grund zielen die Übungen in den ersten Kapiteln dieses Buches darauf ab, Ihnen zu zeigen, wie Sie Ihren Bewußtseinszustand so verändern können, so daß sich magische Realitäten manifestieren und selbst erklären können.

Jeder Aspekt der Grundübungen hilft Ihnen, Ihre magischen Muskeln zu trainieren und tiefere Ebenen Ihrer psychischen Bewußtheit zu erschließen. Das geht auf zwei Arten vor sich. Eine gestattet Ihnen, sich sehr genau auf ein Thema zu konzentrieren und alle weltlichen Belange auf die Seite zu schieben, während die zweite Sie zu tieferer Bewußtheit und tieferem Verstehen führt, so daß Sie klare Antworten auf Fragen oder klare Einsichten in Symbole erhalten. Sie werden das erreichen, was man »Verwirklichungen« nennt, das heißt, bestimmte Ideen oder Konzepte werden »wirklich gemacht«, sie werden spontan und völlig verstanden. Sehr oft betreffen Verwirklichungen oder Erkenntnisse eher kleine Angelegenheiten. Spontane Verbindungen werden zwischen Informationsteilen hergestellt, die Sie vielleicht lange Zeit im Kopf hatten, aber in dem Augenblick, in dem Sie sie miteinander in Verbindung bringen, ergeben Sie ein Ganzes, und Sie sehen ein viel größeres Stück des Bildes. Oft möchten Sie »Aha!« ausrufen, und in Ihrem Kopf kann man eine Art Klicken hören. Das wird vielleicht nicht jedesmal geschehen, wenn Sie sich hinsetzen, um zu meditieren, oder ein Ritual durchführen, aber schrittweise werden Sie diese Verwirklichungen erkennen lernen und auch die Bedingungen in Ihrem physischen und mentalen Zustand, unter dem sie am häufigsten eintreten. Ist dieses Stadium erst einmal gemeistert, werden Sie aus Ihren Meditationen eine Menge herausholen können, jede innere Reise wird Ihnen wertvolle Schätze erschließen, und alle Ihre Rituale werden effektiver werden.

Bevor Sie Erkenntnisse aus Ihren Meditationen ziehen können, ist es sinnlos, zu komplizierteren Ritualpraktiken überzugehen, denn Sie werden nicht wahrnehmen, was diese für Sie tun können,weil Sie nicht wissen, wonach Sie Ausschau halten müssen. Beginnen Sie mit dem Aufbau Ihrer Datenbank bei der Mythologie Ihres Heimatlandes oder bei jeder anderen, die Sie ruft. Denken Sie über die Geschichten nach, erzählen Sie sie Ihren Kindern oder Freunden oder leise sich selbst, wenn Sie zu Bett gehen, und erleben Sie sie wieder. Schrittweise werden die Geschichten beginnen, Ihre heiligen Mysterien zu enthüllen. Marschieren Sie durch die Natur, auch wenn es nur kleine, öffentliche Parkanlagen sind und keine wilden Moore oder seltenen Wälder. Hören Sie den Klängen der Natur zu, dem Wind in den Bäumen oder Gräsern, den Schreien der Vögel, den Lauten und Rufen der Tiere. Sehen Sie sich die Rinde, die Form und die Struktur der Bäume genau an, so daß Sie sie im Winter wiederfinden oder sie in Ihren Visionen erkennen können. In den Namen von Bäumen sind viele traditionelle Geheimnisse verborgen, die mit etwas Geduld entschlüsselt werden können. Lesen Sie Bücher, so daß die Worte und Interpretationen anderer Menschen, die Bilder, die sie von alten Zivilisationen und fernen Orten und unerforschten Regionen gemalt haben, Ihre innere Wahrnehmung füllen können und Ihnen bei Bedarf zur Verfügung stehen. Nehmen Sie jedoch nicht jedes Wort von anderen als »Credo« an, zumindest nicht für sich selbst. Erfahrung ist der wahre Lehrer der Magie, und nichts kann sie ersetzen. Akzeptieren Sie jedoch jene Ideen, die Sie in Träumen oder Visionen erhalten, oder die Sie ursprünglich in alten Quellen gefunden und selbst interpretiert haben, aber seien Sie offen, um Ihre eigenen

Entdeckungen zu machen, Ihre eigenen Schlüsse zu ziehen und Ihre eigenen Offenbarungen zu erleben. Sie werden feststellen, daß jene erleuchtenden Blitze der Erkenntnis und des tiefen Verständnisses häufiger werden und daß sie durch die Art, in der Sie sich den Fragen nähern, vorhergesagt werden können. Wissen wird beginnen, Ihnen zuzufließen, und darin liegt der Samen der Weisheit.

Die magische Ausrüstung

Sie werden eine Reihe magischer Gegenstände ansammeln müssen, die Ihnen bei Ihrer Arbeit als Hilfsmittel dienen. Nehmen Sie zur Kenntnis, daß diese Dinge Macht haben, weil Sie sie ihnen geben, sie besitzen keine Eigenenergie. Ein magischer Stab ist nur ein Stock, bis Sie ihn segnen und mit Ihrer Magie erfüllen. Auch wenn Sie einen Gegenstand von einem anderen Magier bekommen, wird er nicht auf Sie und Ihre Bedürfnisse abgestimmt sein und sich nicht sofort nach Ihrem Willen richten und all Ihre Probleme lösen. Das gleiche gilt für Dinge, die Sie kaufen; jeder Gegenstand ist neu für Sie und muß Ihren Bedürfnissen angepaßt werden.

Sie werden einen Stuhl zum Sitzen brauchen, und einen Tisch, einen Schrank, ein Regal oder etwas ähnliches, das zum Altar werden kann. Der Altar ist Arbeitsbank, Schaukabinett, Ruheplatz des Schöpfungslichtes und vieles mehr. Er wird farbige Tücher, Kerzen, magische Gegenstände, Hilfsmittel für die Divination, Symbole, Blumen und alle möglichen Dingen aufnehmen, wenn Ihre Arbeit fortschreitet. Sie werden sehen, daß Ihre Inspiration Sie zu den richtigen Dingen für jede Gelegenheit führen wird.

Sie sollten eine Art magisches Gewand haben, das Sie anlegen können, wenn Sie das Bild des höchsten Wesens in sich annehmen. Eine ordentliche magische Robe besteht aus Naturfasern wie Seide, Baumwolle, Leinen, Wolle oder einer Mischung aus diesen Fasern und ist normalerweise knöchellang, mit langen Ärmeln und einem Ausschnitt am Hals, der mit einer Brosche oder einer Klammer geschlossen wird. Sie kann jede Farbe und so ziemlich jede Form haben. Beim einfachen T-Schnitt braucht man nur zwei Nähte, eine auf jeder Seite, vom Handgelenk über die Armhöhle bis zum Saum. Das Gewand sollte lose genug sein, um leicht hinein- und herausschlüpfen zu können. Normalerweise wird die Robe in Ritualen über dem nackten Körper getragen, aber es kann Umstände geben, die es notwendig machen, andere Kleidung darunter zu tragen, so daß man zum Beispiel den Raum verlassen kann. Die Robe muß weder teuer noch modisch sein. Ob Sie sie mit Borten einfassen oder sonstwie dekorieren, bleibt Ihnen überlassen. Für Rituale im Freien empfiehlt sich ein einfacher Umhang aus Wolle.

Wie wir im letzten Kapitel auseinandergesetzt haben, werden Sie Behälter für die Elemente brauchen; einen Teller für das Brot und einen Kelch für die Kommunion. Als Weihrauchgefäß können Sie zum Beispiel einen mit Sand gefüllten Terrakotta-Blumentopf verwenden. Probieren Sie verschiedene Sorten von Räucherungen aus, die Sie auf die brennenden Holzkohle-Tabletten legen, bis Sie eine finden, die Ihnen und Ihren Gefährten zusagt. Einige können Sie zum Niesen oder Husten bringen, oder Ihre Augen beginnen zu tränen, seien Sie daher vorsichtig. Sie werden einen Vorrat an Kerzen und sicheren Kerzenhaltern brauchen. Normalerweise genügen weiße Kerzen, aber auch farbige, die mit dem Zweck des Rituals harmonisieren oder die Elemente der Himmelsrichtungen darstellen, können verwendet werden.

Sie werden verschiedene Bücher brauchen, in die Sie die Ergebnisse Ihrer Divinationen und Meditationen schrei-

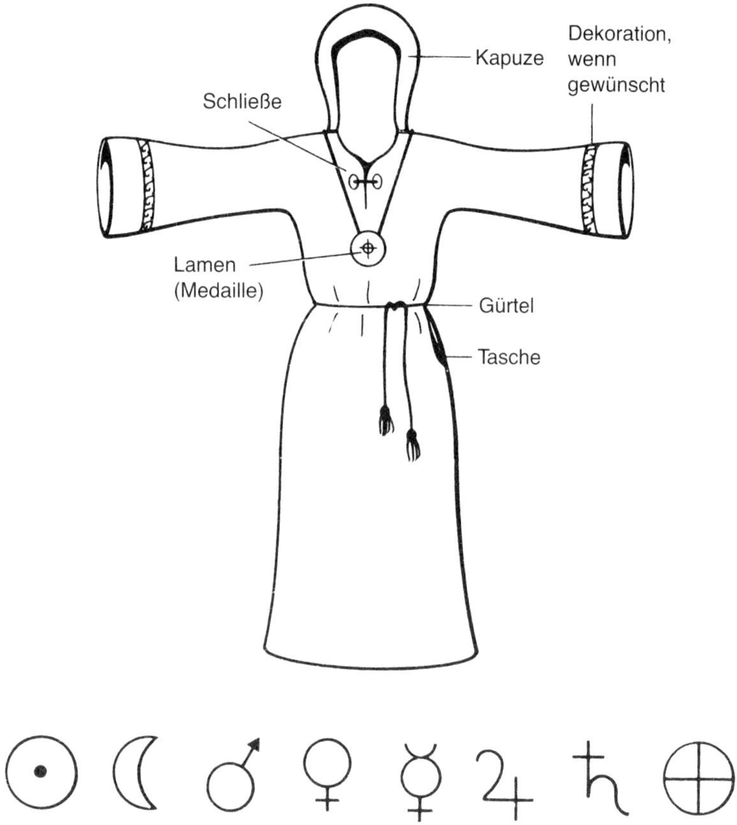

Robe und Planetenzeichen zur Dekoration

ben, auch wenn Sie sie zunächst auf Band sprechen. Die Notizen sollten regelmäßig durchgearbeitet und in einer bestimmten Form aufgeschrieben werden, damit Sie sie später nachschlagen und sich auf sie beziehen können – ein auf Band gesprochenes Stück zu finden, dauert viel länger. Sie werden ein eigenes Buch brauchen, um den Ablauf und die Ziele Ihrer Rituale sowie die darin verwendeten Worte aufzuzeichnen. Das müssen keine exakten Abschriften sein, obwohl Anfänger einem geschriebenen Text leichter werden folgen können. Ablesen vom Skript und das Rascheln der Blätter können jedoch die Konzentration des besten Ritualmagiers stören, und sollten daher möglichst vermieden werden. Das bedeutet, daß die Worte von regelmäßig wiederkehrenden Ritualen auswendig gelernt werden sollten, während die komplizierteren einen Rahmen von gelernten Invokationen, Bewegungsabläufen und so weiter haben, die dennoch genügend Raum für Inspiration, Schweigen oder zum Beispiel eine vorher festgelegte Pfadarbeit läßt. Es ist wichtig, daß Sie die Einzelheiten Ihrer rituellen Arbeit aufzeichnen, ihrer Ziele, wer teilgenommen hat, wo und wann sie stattgefunden hat, so daß Sie sie später nachlesen und sehen können, wie gut Ihre Zauber funktioniert haben.

Es gibt eine Menge an kleineren Dingen, die Sie im Laufe der Zeit anschaffen müssen, wie etwa Kerzen und Kerzenanzünder, Holzkohletabletten und verschiedene Arten von Räucherharzen, Räucherstäbchen und aromatischen Ölen und die passenden Gefäße. Verschiedene kleine Gefäße werden gebraucht werden, um heilige Öle, Opfergetränke oder andere Dinge, die Sie weihen wollen, aufzubewahren. Sie werden vielleicht beginnen, Tarotkarten zu sammeln, Hilfsmittel für die Divination und eine Kristallkugel oder einen schwarzen Spiegel zum Kristallsehen in Ritualen, die mit Wissen über die Zukunft zu tun haben. Vielleicht wollen Sie sich eine Stereoanlage zulegen, um während der Zeremonien Kassetten oder Schallplatten oder vorher aufgenommene Pfadarbeiten für Ihre eigenen Meditationen abzuspielen. Sammeln Sie Schraubgläser, in denen Sie die Weihrauchkörner aufbewahren, und versehen Sie sie mit deutlichen Etiketten über den Inhalt; ebenfalls nützlich ist eine Keksdose für Kuchen oder Brot. Sie werden sich wahrscheinlich nach einem Bild umsehen oder Ihre eigene Darstellung einer symbolischen Szene für jedes Element anfertigen und es an die entsprechende Wand hängen. Sie können ein Elementebanner herstellen, entweder mit Applikationen auf Stoff oder Malereien auf Pappe, wenn Sie die nötige Inspiration haben.

Die Art der Ausrüstung, die Sie verwenden, wird stark von der Art der Rituale abhängen, die Sie durchführen wollen. Es wird an den Umständen liegen, ob Sie einen eigenen Raum für Ihre zeremonielle Arbeit haben, den Sie mit magischen Symbolen anfüllen können, oder ob Sie die Grundriten der Naturmagie im Freien bevorzugen und nur die Steine, Zweige und Muscheln verwenden, die Sie dort finden. Manches wird auch von Ihren künstlerischen Fähigkeiten abhängen, obwohl Sie, wenn Sie es zulassen, von den kreativen Genien inspiriert zu werden, alle Arten von verborgenen Talenten in sich entdecken werden: schnitzen, malen, Gedichte schreiben oder allein durch Gedankenvorgänge eine echte magische Atmosphäre aufbauen und so weiter.

Schließlich ist die Fähigkeit, die richtige Atmosphäre, das Gefühl des »rechten Ortes und der rechten Zeit« zu schaffen, viel wichtiger, als sich mit schöner oder teurer Austattung zu umgeben. Der teuerste Stab der Welt, der von jemand anderem hergestellt wurde, wird für Sie von gleichem Nutzen sein wie ein gewöhnlicher Kochlöffel und wird auch ebensoviel Kraft haben. Nehmen Sie einen einfachen Zweig, den Sie gedankenvoll und sorgfältig von einem Baum geschnitten haben und hängen Sie ihn ein paar

Monate lang zum Trocknen auf. Dann schnitzen Sie ihn in die richtige Form, polieren oder lackieren ihn, schenken ihm viel Liebe und Aufmerksamkeit, und er wird sich in Ihrer Hand zu einem zufriedenstellenden und wirksamen Werkzeug entwickeln, wie es kein gekauftes Stück tun kann. Lassen Sie zu, daß der Stab zum Werkzeug werden kann, das Ihren Willen oder Ihre Absicht lenkt, und er wird das auch tun, weshalb Sie sorgfältig auf ihn achtgeben sollten, um seine magische Ladung aufrechtzuerhalten. Wenn Sie mit ihm einen Kreis um sich ziehen, wird Ihnen eine Spur funkelnden Feuers folgen, die Sie sehen können, wenn Ihre übersinnlichen Fähigkeiten geschult sind. Auf diese Weise erschaffen Sie einen gereinigten Grundkreis, der für viele Arten von Ritualen ausreicht. Später können Sie die Elemente und deren Wächter in den Himmelsrichtungen anrufen und sie sehen, wenn Sie sie beschreiben oder zu sichtbarer Erscheinung invozieren. Elementarwesen erscheinen nicht, weil Sie sie in der physichen Welt sichtbar machen. Wenn Sie Ihre magische Persönlichkeit annehmen, verändern Sie Ihren Bewußtseinszustand und nehmen einiges von der anderen Realität dieses Wesens an. Es scheint, als würden Sie Ihre eigenen Vibrationen erzeugen, so daß Sie fähig sind, andere Reiche von magischer Realität wahrzunehmen.

Der Aufbau der Szene

Nahezu alle magischen Rituale finden an einem physischen Ort statt, der speziell für das Ritual vorbereitet wurde und in dem dann ein anderes Szenarium aufgebaut wird, zum Beispiel eine historische Szene, wie ein alter ägyptischer Tempel, der keltische Urwald, eine Azteken-Pyramide oder ein prähistorischer Steinkreis. Viele Riten finden in »anderen Welten« statt, wie der Unterwelt, dem Reich der

Mythen und Legenden, dem Sternentempel in den Weiten des Weltraums; oder sogar einer imaginierten Szene jenseits von Geschichte oder Geographie, ein Feenland oder eine Sciencefiction-Landschaft. Die Szene wird sorgfältig mit kraftvollen Symbolbildern, Farben, Gottformen, Architekturelementen und der entsprechenden Atmosphäre ausgestaltet. Das geschieht oft durch eine malerische Erzählung, die von einem der Teilnehmer erzählt oder vorgelesen wird, während die anderen mit geschlossenen Augen dasitzen und mental jedes Detail »aufbauen«, so daß es sehr lebendig und wirklich wird. Dennoch sollten Sie nicht erwarten, daß die Szene auf dieselbe Weise sichtbar wird wie mit geöffneten Augen!

Innerhalb dieser beschworenen Vision von dem anderen Ort wird die Kraft des Rituals invoziert und bewahrt, und von hier aus wird die Energie ausgesandt, um ihre magische Arbeit zu beginnen. Nur wenn man sich dieser doppelten Ebene des magischen Ortes sehr bewußt ist, sie akzeptiert und behandelt, als sei sie wirklich, kann man schrittweise lernen, die Urkraft zu invozieren, sich bewußt zu werden und sie auf wirksame Art zu lenken. Normalerweise ist es am besten, wenn Sie in allen Teilen eines Rituals, in denen Sie nicht sprechen oder sich bewegen, ruhig bleiben, mit geschlossenen Augen dasitzen und die Szene verstärken, indem Sie die Worte, die von anderen gesprochen werden, mental wiederholen, die Lichtstrahlen sehen, die jeden magischen Gegenstand umgeben, und die Energiemuster, die in dem Reich, in dem der mentale Tempel errichtet ist, klar sichtbar sind. Das ist ein weiterer guter Grund, warum das Ablesen von Ritualtexten auf ein Minimum beschränkt bleiben sollte. Das Rascheln von umgeblätterten Seiten, besonders wenn das zehn Leute gleichzeitig tun, kann die Konzentration völlig zerstören, und die Vision des inneren Tempels wird keine Stabilität besitzen. Lernen Sie Ihre Teile auswendig oder improvisieren Sie innerhalb eines festgesetzten Musters. Setzen Sie Gesten oder Mimik ein, tun Sie es langsam, so daß sich die Symbole völlig mit Ihrer inneren Vision verbinden können, daß Sie sie fühlen und mit ihnen arbeiten können.

Versuchen Sie am Anfang, besonders wenn Sie allein arbeiten, den Aufbau sehr ähnlich dem, was Sie imaginieren wollen, zu gestalten. Wenn Sie zum Beispiel das Tor zu einer anderen Welt imaginieren wollen, schauen Sie auf eine Tür, oder auf ein Fenster, durch das Sie ein Stück Himmel oder den Mond sehen. Das wird Ihnen helfen, Ihre inneren Visionen klarer werden zu lassen. Gestalten Sie Ihre ersten Arbeiten sehr einfach. Imaginieren Sie eher eine natürliche Szene, vielleicht eine, die Sie von Ausflügen auf das Land in Erinnerung haben, wie ein Wald, eine Küste oder eine alte heilige Stätte, als eine komplexe ägyptische Tempelszene. Schließen Sie die Augen und lassen Sie sich Zeit, die einzelnen Teile der gewählten Szene aufzubauen. Fühlen Sie den Wind, riechen Sie die faulenden Blätter, hören Sie die Vögel oder Tiere, die sich durch das Unterholz bewegen. Arbeiten Sie solange daran, bis es sich anders anfühlt als die normale Atmosphäre Ihres Zimmers. Geben Sie sich eine Menge Zeit für den Übergang in die innere Landschaft, denn das wird Sie direkt in den geistigen Zustand versetzen, in dem Sie Ihre Magie durchführen, die Zukunft sehen, die Wahrheit aus den Divinationen herausschälen können und vieles mehr. Je klarer die Bilder vor Ihrem geistigen Auge erscheinen, desto größer wird Ihre Kraft sein, künftige Veränderungen in Ihrer Welt herbeizuführen, eine Person oder den ganzen Planeten zu heilen, Weisheit oder Verstehen zu erlangen und sich selbst zu einem besseren Menschen zu entwickeln.

Sie müssen sich klar darüber sein, daß Sie das, was Sie sehen, nicht »erfinden«, sondern daß Sie lediglich Bilder abrufen, aus Ihrer Erinnerung, vielleicht aus vergangenen Leben und aus dem unendlichen Reichtum an Material, das in der Akasha-Chronik (die als eine Art universaler, astraler Datenbank bezeichnet werden kann) aufgezeichnet ist. Diese verborgenen Schätze enthalten die gesamte Erinnerung der Menschheit, von den ersten Visionen des prähistorischen Menschen bis zu Ausblicken in die Zukunft. Wenn Sie lernen, frei in diese Szenen einzutreten und das Unsichtbare mit offenen Augen wahrzunehmen, werden Sie entdecken, welch riesiges Potential Ihnen zur Verfügung steht. Wenn Sie die Szene für eine Pfadarbeit oder ein Ritual »erschaffen«, tun Sie das nicht, indem Sie sie erfinden, sondern indem Sie den Symbol-Code sorgfältig beobachten und so einen anderen Teil der Realität sehen. Es ist wichtig, das System der zeitlosen Symbole verstehen zu lernen, das uns in den Mythen, Legenden, Liedern und Gedichten überliefert wurde.

Wenn Sie Teile aus verschiedenen Traditionen miteinander vermischen, wird Sie das ebenso verstimmen, wie wenn Sie die einzelnen Gänge einer Mahlzeit mischen. Niemand würde Suppe, gemischt mit Salat, gemischt mit Apfelkuchen und Käse, alles durcheinandergerührt, genießen. Kein Magier wird ein Ritual mögen, in dem Teile der keltischen Mythologie mit ägyptischen Gottformen vermischt sind und herumgewirbelt werden von tibetischen Gesängen und kabbalistischen Farben. Wenn Sie nicht genügend wissen oder zu faul sind, sich einen passenden Satz an Symbolen, Farben, Gottformen und so weiter zu erschließen, sind Sie auch zu faul, um überhaupt tiefer in das Gebiet der Magie vorzudringen und werden auf diesem Weg Schaden erleiden. Wenn es Ihnen nicht möglich ist, eine große Vielfalt von Symbolbedeutungen einer oder mehreren Traditionen zu erlernen, werden Sie direkt Hilfe von den inneren Reichen erbitten müssen. Ist Ihre Bitte um Hilfe ernsthaft und respektvoll und haben Sie genügend Einfühlungsvermögen, um ruhig zu sein und zuzuhören, was Ihnen gesagt wird, dann werden Sie die benötigte Hilfe erhalten. Natürlich werden Sie den Aufbau Ihres Rituals aus dem, was die inneren Kräfte Ihnen zeigen, gestalten müssen, und Sie werde ihnen mitteilen müssen, daß Sie sie für real halten, aber auf jeden Fall werden Ihnen die korrespondierenden Symbole gezeigt werden.

Der Aufbau einer jeden Szene erfordert Geduld und Ausdauer. Beobachten Sie genau, wie die Dinge in Ihrer Welt aussehen und wie demnach auch ihre magischen Gegenstücke aussehen sollen. Beginnen Sie mit einer einfachen Landschaftsszene oder einem traditionellen Tempel. Sehen Sie mit geschlossenen Augen das Gebiet vor sich. Schauen Sie auf den Boden, wo Bäume oder Säulen ansetzen. Bauen Sie sie langsam nach oben auf. Blicken Sie auf die Wände oder das Grün des Waldes. Sehen Sie die Szene ganz genau, Blatt für Blatt und Stein für Stein. Lassen Sie sie wirklich werden. Spüren Sie die Atmosphäre, die natürlichen Geräusche. Konzentrieren Sie sich anfänglich nur auf das, was vor Ihnen liegt, die Möbel, die natürlichen Gegenstände, und verzichten Sie auf das Herabrufen von Gottformen. Versenken Sie sich völlig in die Realität der Szene, und dann, wenn die Vision vollständig ist, öffnen Sie die Augen und führen alle Stadien des Rituals durch, die eigene Weihung, die Weihung des Kreises und der magischen Sphäre der Konzentration und des Schutzes. Wenn Sie die Augen wieder schließen, sollten Sie die Szene, die Sie aufgebaut haben, noch immer vor sich sehen.

Wenn Sie etwas mehr Praxis haben, werden Sie schrittweise in der Lage sein, die physischen Gegenstände in Ihrem Ritualraum mit ihren inneren Gegenstücken zu verweben und sich das doppelte Bild klar vor Augen zu halten. Wenn Sie Ihre Rituale mit anderen Menschen teilen, werden einige von Ihnen im Verlauf des Rituals genügend Zeit und Energie haben, den Aufbau mental aufrechtzuerhalten, während die anderen darin agieren. Das ist einer der Hauptvorteile der Gruppenarbeit.

Wenn Sie den Aufbau der Szenerie einigermaßen gut im Griff haben, können die Götter und Helden die Szene betreten. Sie können Ihnen nicht befehlen, denn Sie sind größer, älter und weiser als Sie, aber im allgemeinen sind sie freundlich und werden erscheinen, um Ihnen bei Ihrer Magie zu helfen und Ihnen Wissen und Weissagungen anzubieten, wenn Sie ihnen die Zeit geben zu sprechen. Sie sind real. Sie sind mächtig und müssen daher respektvoll und höflich behandelt werden, auch wenn sie nicht halb so dramatisch erscheinen, wie Sie es vielleicht gerne hätten! Sie werden Ihnen in gedämpfter Form erscheinen, und Sie werden sie an ihrem Kostüm, ihren Symbolen oder Farben erkennen können, aber sie werden sich nicht so zeigen, wie sie in ihrem eigenen Reich auftreten. Wenn Sie dafür offen sind, werden sie in Ihrem Kopfes in Ihrer eigenen Sprache sprechen. Nur Dumme oder Übereifrige rufen Kriegsgötter oder Götter des Terrors an, auch wenn sie denken, diese mächtigen Wesen könnten ihre häuslichen Angelegenheiten regeln!

Übung 8 – Die Göttin treffen

Setzen Sie sich wie zu einer Meditation mit Notizbuch und Bleistift hin. Verbrennen Sie etwas Räucherwerk, wenn Sie möchten, und zünden Sie eine Kerze oder Lampe an. Sitzen Sie sehr ruhig und entspannen Sie sich mit geschlossenen Augen.

Imaginieren Sie so deutlich wie möglich einen Torbogen. Sehen Sie, wie die Steinblöcke behauen sind, die die Krümmung bilden, wie die Dekorationen auf beiden Seiten und der oberste Teil des Spitzbogens mit seinem geschnitzten Schlußstein aussehen. Fühlen Sie die Beschaffenheit des Steins. Dann richten Sie Ihre Aufmerksamkeit auf den Vorhang aus schwerem, dunkelblauem Stoff, der im Torbogen hängt. Riechen Sie das Material. Sehen Sie, wie der Vorhang von einem unsichtbaren Luftzug bewegt wird. Sehen Sie, wie er zu flattern beginnt, und wie dann, als hätte eine unsichtbare Hand ihn an der Ecke aufgehoben, ein Stück frei wird, so daß Sie durch den Torbogen sehen können. Entdecken Sie die unterschiedliche Beschaffenheit von Licht und Schatten, die nun deutlicher wird. Richten Sie Ihre Vision auf die dunkle Gestalt, die vor einer hell erleuchteten Halle erscheint. Sehen Sie, wie sie deutlicher wird. Nach einer Weile erkennen Sie, daß es eine Frau ist. Sie trägt einen dunklen Umhang mit Kapuze, der sie völlig bedeckt, und sitzt in einem Stuhl mit hoher Lehne. Hinter ihr fällt das Licht durch ein Fenster, das aus vielen kleinen, bleigefaßten Glasscheiben besteht, die wie Diamanten glitzern. Nach und nach können Sie die Farbe ihres Umhangs erkennen: ein tiefes Blau mit winzigen silbernen Punkten darin.

Mit bleichen, langgliedrigen Fingern streift sie die Kapuze zurück und enthüllt ein Gesicht von großer Schönheit, umgeben von einer Fülle dunklem, rotbraunem Haar, das in lockigen Wellen zu beiden Seiten ihres Gesichts herabfällt. Ihre Augen sind von tiefstem Blau, und obwohl ihre Haut bleich ist, liegt ein Hauch von Frische auf ihren Wangen, und sie lächelt. Der Umhang gleitet von ihren Schultern, und über ihrem seegrünen Kleid wird ihre blasse, silbern glänzende Robe sichtbar. Zu ihren Füßen kann man die silbernen Verzierungen am Stuhl sehen, die die schmale Sichel des zunehmenden Mondes zeigen.

In ihrem Schoß liegt ein großes altes Buch, in schwarzes Leder gebunden, und mit Silber und Mondsteinen eingefaßt. Ihre Stimme, ist sanft und leise und klingt wie ein Lied. Sie sagt: »Das ist das Buch der Träume. Gibt es etwas, das du wissen möchtest?« Sie finden den Mut, auf sie zuzugehen und sich zu ihren Füßen auf einen niederen Schemel, der ganz nahe beim silbernen Mond steht, niederzusetzen. Sie fragen nach Ihren eigenen Träumen, Hoffnungen und Wünschen. Vielleicht sagt sie Ihnen ihren

Namen, vielleicht bietet sie Ihnen ein Geschenk an, vielleicht unterhalten Sie sich schweigend oder mit Worten, bis Sie eine Antwort erhalten. Sie sehen, daß der große Sessel, auf dem sie sitzt, wie der Bug eines altertümlichen Holzbootes geformt ist, und hinter ihr steht eine geschnitzte Gallionsfigur. Das Holz ist schwarz und mit glänzendem Silber verziert.

Schließlich wissen Sie, daß es Zeit ist zu gehen. Sie erheben sich und danken ihr für den Rat und die Hilfe, die Sie erhalten haben. Während Sie zurück zu dem Tor mit dem Vorhang gehen, hören Sie die Frau sagen: »Ich bin die Herrin der Zeit und Gezeiten, ich herrsche über die Wildnis des Schlafs, meine Günstlinge bewachen die wolkigen Ritte, meine Bücher bewahren alle Geheimnisse.« Dann schließt sich der Vorhang, und um Sie herum ist Finsternis. Sammeln Sie Ihre Gedanken und Visionen und die Antworten, die Sie vielleicht erhalten haben, und öffnen Sie langsam die Augen.

Wie Sie sehen werden, ist es nicht notwendig, einen vollständigen Tempel zu imaginieren. Dieser Besuch der Mondgöttin wird Ihnen viel Anregung und Hilfe geben, besonders in Hinblick auf Ihre übersinnlichen Kräfte, die wesentlich sind, um Tempel und heilige Stätten für Ihre eigene Arbeit aufzubauen. Finden Sie im Freien einen passenden Ort für eine Begegnung mit dem Sonnengott. Sehen Sie seine Symbole, seine Farben und seine Umgebung und hören Sie, was er über Licht, Leben und Freiheit zu sagen hat.

Die Macht, der Aufbau und die Absicht

Es kann getan werden. Es ist die Kunst des Meisters der Veränderung, und du wirst sie erlernen. Aber du darfst weder ein Ding, einen Stein noch ein Sandkorn verändern, bis du weißt, was an Gutem oder Bösem diesem Akt folgen wird. Die Welt ist im Gleichgewicht, im Equilibrium. Die Macht eines Zauberers, zu verändern und zu beschwören, kann das Gleichgewicht der Welt erschüttern. Sie ist gefährlich, diese Macht, sie ist bedrohlich. Sie muß dem Wissen folgen und den Bedürfnissen dienen. Eine Kerze zu anzuzünden, bedeutet einen Schatten zu werfen ...

A Wizard of Earthsea
Ursula Le Guin

Alle magische Akte erfordern drei Dinge: Macht oder Kraft, einen Aufbau und, was am wichtigsten ist, eine Absicht. Die Kraft zeigt sich in vielfältiger Form, angefangen von der Lebenskraft, die in jedem ist und die doch stark konzentriert und manipuliert werden kann, bis zu den großen Kräften des Schöpfers des Universums, der Götter, Göttinnen, Engel und Elementarwesen. Wenn Sie lernen, Ihre persönliche Kraft aufzurufen und zu lenken, werden Sie feststellen, daß sie als Katalysator für die riesigen Kräfte im Universum wirkt. Wenn Sie Ihre eigene innere Stärke kontrollieren und lenken können, und gleichzeitig um Unterstützung durch ein höheres Wesen bitten, werden Sie erstaunt sein, was Sie erreichen können.

Der schwierigste Teil besteht darin, Kontrolle über den eigenen Willen zu bekommen, die Fähigkeit zu erlangen, in dem, was man erreichen will, genau und präzise zu sein und auf die effektivste Art vorzugehen. Oft kann das gewünschte Ziel relativ einfach durch schlichte, harte Arbeit erreicht werden, durch Studium oder eine andere, ziemlich gewöhnliche Methode. Man muß verstehen, daß magische Methoden nur dann angewendet werden sollten, wenn jede erdenkliche normale Methode völlig ausgeschöpft wurde. Magie ist weder eine Abkürzung, noch wird sie Ihre Gier belohnen oder erfüllen. Magier *können* die Welt verändern. Ihre sorgsam überdachten Ziele, die zum Vorteil der gesamten Menschheit sind, können sich manifestieren. Viele Verbesserungen in der äußeren Welt wurden erzielt, weil gute Magier sie angestrebt haben, aber das sind die Experten, die in bewußter Harmonie mit dem göttlichen Plan arbeiten, und keine zaghaften Novizen, die Veränderung zu ihren eigenen Gunsten suchen.

Die Kraft

Durch die oft scheinbar langweiligen Meditationen und inneren Reisen beginnen Sie das Wesen der Kräfte, Götter und Helden zu verstehen, so daß Sie instinktiv wissen werden, wen Sie um welche Art von Hilfe bitten können. Sie verstehen, wie Sie die Aufmerksamkeit dieser Helfer wecken können, mit Opfergaben, Weihrauch, Blumen oder Ihrer eigenen Mühe, um ihnen Ihre Bedürfnisse kundzutun. Nichts wird ihre Hilfe erkaufen; Sie können die Götter nicht bestechen, Sie können Ihnen auch nicht befehlen, aber wenn Sie sie höflich einladen, indem Sie die symbolischen »Telefonnummern« der Korrespondenzen verwenden, können Sie ihnen Ihren Wunsch nennen, und wenn er gerecht ist, wird Ihnen geholfen werden.

Die Götter und Elementarwesen sind ganz und gar real, und der einzige Unterschied zwischen ihnen und uns ist, abgesehen von Alter, Größe, Macht und Temperament, daß ihre Wohnstätten in, sagen wir mal, anderen »Dimensionen« liegen. Wir können mit ihnen Kontakt aufnehmen, wenn wir uns bewußt auf die Reise zu ihren Reichen machen, und auf Aufforderung können Sie Dinge beeinflussen, die in der Zukunft unseres Zeit-Raum-Kontinuums liegen. Wenn wir ihre Hilfe wollen, müssen wir die Orte aufsuchen, an denen sie sich aufhalten. Einige davon haben natürliche Gegenstücke auf Erden. Wenn Sie zum Beispiel eine Undine treffen wollen, das Elementarwesen des Wassers, gehen Sie zu einem Meeresstrand, an einen See oder sauberen Fluß, wechseln in eine passive Stimmung, und Ihre Chancen, eine Undine zu treffen, vermehren sich gewaltig. Das gleiche gilt für die Dryaden des Waldes oder für die Gnome, die in Felsenhöhlen oder Minen anzutreffen sind. Mit den alten Göttern und Göttinnen Ägyptens oder des klassischen Griechenland ist es etwas schwieriger, da es nicht sehr wahrscheinlich ist, sie in Darmstadt oder Wuppertal zu treffen, außer sie werden von jemandem dorthin gebracht, der weiß, wie man ihre natürlichen Tempel und olympischen Wohnstätten an diesen Orten wiedererrichtet.

Wenn Sie mächtige Wesen um Hilfe bitten, werden Sie sie wahrscheinlich erhalten, aber vermutlich werden Sie weder die Göttin bei der Arbeit sehen noch die Elementale, die sich um die Gesundheit Ihrer Gartenpflanzen kümmern. Magie sieht immer wie Zufall aus. Es ist unwahrscheinlich, daß Erzengel mit dem Seidenkissen, das Sie sich wünschen, an Ihrer Türschwelle auftauchen werden, aber Sie werden den Gegenstand vielleicht bei einem Altwarenhändler finden oder als Geschenk von einer lang verlorengeglaubten Tante erhalten! Wenn Sie Ihr Ziel klar und präzise formulieren und genügend Verstand haben, den inneren Reichen nicht aufzuzwingen, wie sie es erreichen sollen, haben Sie eine gute Chance, das, worum Sie bitten, zu erhalten. Viele Leute machen den Fehler und versuchen den Weg, auf dem sie ihr Ziel erreichen können, vorzuplanen. Das wird den Zauber brechen, und sie werden keinen Erfolg haben. Sie müssen einen Wunsch im Kopf haben, den Sie zunächst auf andere Weise zu erfüllen versucht haben, und er muß ein »Endergebnis« sein; also zum Beispiel nicht, »Geld, um damit in Urlaub zu fahren« oder »eine Erbschaft, um ein Haus zu kaufen«, sondern die Notwendigkeit für den Urlaub oder das Haus. Da Geld nur ein Glied in der Kette ist, kann es nicht auf magische Weise erscheinen, aber das, wofür es verwendet werden soll, kann oft erreicht werden, wenn der Wunsch geäußert wird.

Sie müssen erkennen, daß die ganze Welt ein organisches, lebendes System ist. Weil es lebendig ist, kann es auch verändert werden. Magie ist das Verständnis der Veränderungen und die Kontrolle über sie. Ein magisches Ritual wird daher nach dem Knoten im natürlichen Muster der Veränderungen suchen und Ihren Wunsch dort einfügen. Wenn Sie zum Beispiel ein besonders seltenes Buch brauchen, werden die Engel es nicht aus der Luft vor Sie hinzaubern, sondern Sie auf ein Antiquariat aufmerksam machen, in dem es gerade zum Verkauf angeboten wird, oder an einem besonders guten Tag kann dieses seltene Buch im Abfall eines ausgeräumten Hauses auftauchen oder als Geschenk von einem Freund! Jemand anderer hat das Buch weggegeben, und nun sind Sie an der Reihe, es zu bekommen. Das gleiche gilt für alles, was mit Magie erreicht werden kann, vom Finden eines Parkplatzes bis zum Ernähren der Hungernden in Bangladesch. Jemand wird »zufällig« in dem Augenblick, in dem Sie auftauchen, den Parkplatz, den Sie für Ihr Auto brauchen, frei machen. Es gibt zu jeder Zeit genügend Nahrung auf der Welt, aber das meiste davon ist im reichen Westen und nicht in den armen Ländern. Magie kann helfen, die Verbindungen zu knüpfen, die im Lauf der Zeit zu einer gerechten Verteilung der Nahrung führen werden.

Wenn Sie lernen, Ihre eigene, »klägliche« persönliche Kraft zu wecken, können Sie sie an die riesige, mächtige Quelle der magischen Energie anschließen, so daß Sie schrittweise mehr Kontrolle erhalten und fähig sein werden, größere Projekte in Angriff zu nehmen. Auch hier gibt es wiederum keine Abkürzungen, sondern nur die ständige Mühe, den eigenen Willen zu verfeinern, den Unterschied zwischen Bedürfnis und Gier zu verstehen und seinen Blick auf Langzeitergebnisse und langfristige Ziele zu richten. Die Veränderung wird kommen, manchmal jedoch sehr langsam. Ein wirksamer Zauber kann Jahre brauchen, bis er funktioniert, aber umgekehrt wirken viele sofort; die Geschwindigkeit hängt vom Ausmaß der verlangten Veränderung ab. Sie werden sich die Langzeitwirkungen überlegen müssen, die sich aus Ihren Bitten ergeben. Wir leben alle in einem dynamischen System, was bedeutet, daß Veränderungen in einem Teilbereich den gesamten Rest beeinflussen werden. Das ist das Prinzip, nach dem die Astrologie funktioniert – die Planeten sind relativ klein und weit entfernt, aber ihre ständige Bewegung in Relation zu jedem von uns kann deutliche und greifbare Wirkungen haben. Die leichte Bewegung des Saturn von einer Konfiguration zur anderen in unseren Horoskopen und Leben kann tiefgreifend und signifikant sein! Das gleiche gilt für die Magie. Ein kleiner Zauber kann eine Kettenreaktion in Gang setzen, die möglicherweise unsere gesamte Welt verändert.

Am Beginn des magischen Weges scheinen nahezu bei jedem Magier mit großer Geschwindigkeit Veränderungen einzutreten, die normalerweise beträchtliche Brüche und Verwirrungen verursachen. Das geschieht nicht durch Aufrufen von Dämonen, sondern ist einfach eine Demonstration, daß Sie mit echten Kräften arbeiten, die vom

Novizen nicht kontrolliert werden können. Diese Kraft der Veränderung wird einen Magier durch seine gesamte Karriere hindurch verfolgen, sie wird ihm oft helfen, indem sie ihm Gelegenheiten aufzeigt, aber manchmal wird sie ihm scheinbar Hindernisse in den Weg legen, indem sie vertraute Muster plötzlich aufbricht. Wenn sich der Aufruhr jedoch gelegt hat, wird das neue Muster immer besser sein als das alte. Sie müssen lernen, Vertrauen zu haben und bei der Sache zu bleiben, wenn die Wasser Ihrer Emotionen durch heftige Stürme aufgewühlt werden, und immer davon ausgehen, daß Sie einen sicheren Hafen erreichen werden.

So seltsam es auch scheinen mag, es ist doch eine Tatsache, daß Leute, die im reiferen Alter, sagen wir mit 25 und darüber, beginnen, sich mit Magie zu beschäftigen, oft schnellere Fortschritte machen als ihre jüngeren und weniger erfahrenen, aber enthusiastischeren Kollegen. Wenn Sie alle Stürme, die das Leben Ihnen bringen mag, durchlebt haben, wie zum Beispiel einen Job zu behalten, ein Heim zu gründen, für Kinder zu sorgen, und zahlreiche unbezahlbare Erfahrungen gemacht haben, werden Sie jene Umwälzungen, die das magische Training verursachen kann, viel besser überstehen. Es ist wichtig, eine stabile Basis zu haben, denn magisches Wissen ist kein Ersatz für das Fundament, das von Heim, Beruf und Familie gebildet wird. Auch wird Magie ohne eine Menge harter Arbeit keine Lücken in Ihrem Leben füllen. Wenn Sie keinen Job haben, kann Ihnen Magie helfen, einen zu finden, aber Sie werden ihn vielleicht nicht mögen. Wenn Sie keine Liebe in Ihrem Leben haben, wird Magie Sie nicht damit versorgen, bevor Sie nicht eingesehen haben, warum Sie nicht liebenswert sind, und das kann eine harte Lektion sein. Lernen Sie, sich selbst zu lieben und andere zu respektieren, und Sie werden schrittweise feststellen, daß sich die Lücken in Ihren Beziehungen mit warmen und dauerhaften Freundschaften füllen werden. Magische Fähigkeiten können Ihnen das Leben erleichtern, aber zuerst müssen Sie die dafür notwendigen praktischen Fertigkeiten erlernen und Ihren neugefundenen Visionen und Ihrer Intuition trauen.

Die inneren Mächte, die diesen Aufruhr in Ihrem Leben verursachen, sind nicht grausam. Es mag uns zwar vorkommen, als gingen sie unachtsam mit uns um, aber in Wirklichkeit wollen sie Hand in Hand mit uns für die Evolution des Universums arbeiten. Probleme entstehen auf den Gebieten, wo es zwischen uns und ihnen zu Mißverständnissen kommt. Wir können im Detail nicht weiter voraus als in die nächsten paar Wochen sehen, die Wesen aber, die jenseits unserer Zeitskala leben, können sehen, wie die Dinge laufen müssen, damit am Ende die besten Ergebnisse erzielt werden. Wir müssen lernen, daß unsere Handlungen Langzeitergebnisse haben und daß das, was wir als einfachen Akt der Magie begonnen haben, weitreichende Wirkungen haben kann.

Wir könnten zum Beispiel veranlaßt werden, eine Heilung durchzuführen. Ein Freund wurde bei einem Autounfall verletzt, durch unsere Entschlossenheit erholt er sich rasch und vollkommen, setzt sich wieder in ein Auto und verletzt jemand anderen. Hätten wir jenen Freund der medizinischen Wissenschaft und der Zeit überlassen, wäre er vielleicht noch im Krankenhaus, hätte die Lektion gelernt, wie man sorgsam Auto fährt, und Reflektionen über die Bedeutung und den Wert eines gesunden Lebens angestellt. Die andere verletzte Person hätte vielleicht ihre Kinder zu großen Wirkenden für den Frieden oder das Gesetz erziehen können, aber der Unfall, in den sie verwickelt war, hat sie dieser Moglichkeit beraubt. Wenn es darum geht zu heilen, sollten Sie immer darum bitten, daß die richtige Art von Heilung stattfindet, und nicht unbedingt einc spontane Wunderheilung.

Jeder Magier ist für das Ergebnis seines Rituals verantwortlich. Ob es gelingt und ihm genau das gibt, was er erwartet (das geschieht nicht sehr häufig, Sie bekommen meist das, was Sie tatsächlich brauchen), oder ob etwas völlig anderes dabei herauskommt, für das Ergebnis und seine Langzeitwirkungen muß er dennoch persönlich die Verantwortung tragen. Das sollte Grund genug sein, sehr genau darüber nachzudenken, bevor man mit magischen Mitteln in etwas eingreift! Das Leben ist wie ein Schachspiel; jeder Zug eröffnet neue Möglichkeiten und verhindert, daß bestimmte andere Dinge eintreten können. Es ist sinnlos, nur an unmittelbare Ergebnisse zu denken; Sie müssen zukünftige Veränderungen, die sich aus Ihrer jetzigen Handlung ergeben können, mit in Betracht ziehen. Unwissen ist keine Entschuldigung. In esoterischen Begriffen sind Sie verantwortlich und bleiben es, bis die Ereigniskette abgeschlossen ist.

Sie sind auch für Menschen verantwortlich, deren Leben von Ihrer Magie beeinflußt wird, ob Sie sie in eine Loge einweihen, sie heilen oder ihnen einfach nur eine Tarotlesung geben. Jedes dieser kleinen Ereignisse könnte ihr gesamtes zukünftiges Leben verändern. Überlegen Sie sich daher sehr sorgfältig, was Sie tun und welche Auswirkungen Ihre Handlungen in der Zukunft haben können. Die Leute nehmen sich Divinationen zu Herzen und handeln danach. Eine Einweihung kann eine radikale Veränderung sein und verborgene Talente eines Menschen erschließen, oder aber den Wunsch nach Macht über andere. Sie sollte nie übereilt werden, weder wenn Sie der Kandidat sind, noch wenn Sie helfen, jemand anderen einzuweihen. Vor solch einer größeren Veränderung sollte es immer genügend Zeit für Reflektion und Betrachtung geben.

Wenn Sie mit den verschiedenen alten Pantheons der Götter und Göttinnen arbeiten wollen, werden Sie ihr Wesen und ihre Kräfte genau verstehen müssen. Es genügt nicht, ein Buch darüber gelesen zu haben, Sie werden tiefer in das Thema eintauchen müssen. Wenn Sie nicht wissen, wer wofür verantwortlich ist, wenn Sie Ihre Beschwörungen durchführen, können Sie ebensogut einen Kriegsgott bitten, sich um Ihre Gesundheit zu kümmern, und eine Mondgöttin, Ihre Finanzen zu verbessern. Murry Hope hat unlängst einige wirklich brauchbare Bücher über die Götter Ägyptens, des klassischen Griechenlands und der alten Kelten geschrieben. Sie sind nicht allumfassend, aber sie erklären eine Menge über das Wesen der einzelnen Gottheiten, wie man sich ihnen nähern kann und wobei sie helfen können. Nur wenn Sie wirklich in eine Tradition eintauchen, bis Sie sie genau verstehen, können Sie sich sicher fühlen und die Gottheiten anrufen, um Ihnen zu helfen. Es ist gleichgültig, welche Tradition Sie wählen, solange Sie gewillt sind, alles, was Sie können, über die Aufgaben, Symbole, Kräfte, Farben und Fähigkeiten herauszufinden, die jedem dieser mächtigen Wesen zugeschrieben wird, über ihre Beziehungen zueinander, die Legenden und heiligen Stätten. Alle diese Faktoren werden in den Aufbau Ihres Rituals miteinbezogen werden müssen, wenn Sie praktische Hilfe, Führung oder Lehren von ihnen erwarten.

Der Aufbau

Der Aufbau von Ritualen ist einer der wenigen Standardaspekte dieses sehr komplexen und vielfältigen Themas. Einige Riten können äußerst einfach sein und zum Großteil in Ihrem Kopf durchgeführt werden, während andere viele Teilnehmer erfordern, eine Menge an Ausstattung, großartige Roben und sonore Invokationen – und doch werden alle einen ähnlichen Ablauf haben. Es ist ratsam, mit ziemlich einfachen Strukturen zu beginnen, damit Sie

Schritt für Schritt lernen, Ihr physisches und mentales Durchhaltevermögen und Ihre Sammlung an Zubehör und Ausstattung aufzubauen und Ihre Fähigkeit zu schulen, das innere Reich der Magie zu betreten.

Jeder einzelne Ritus beginnt mit vielen Vorbereitungsstadien. Sie müssen den genauen Zweck des Rituals festlegen, alle Symbole vorbereiten, die Anzahl der Kerzen bestimmen, die Farben der Altartücher, die Talismane, Reden, Gesänge, inneren Reisen, die Musik, die Insignien, das Kommunionsbrot, Salz, Wein breitstellen und vieles mehr. Wenn mehrere von Ihnen sich die Arbeit teilen, werden Sie über Ziel und Aktivitäten des Ritus übereinstimmen müssen. Zu Beginn sollten Sie immer nur ein einziges Ziel wählen. Später können Sie den Kreis aufbauen und ihn für einen Heilungsritus, eine Divination und eine innere Suche verwenden, aber das ist für Magier, die bereits ziemlich viel Erfahrung haben.

Der Ritualablauf wird auf verschiedenen Ebenen bestimmt. Auf der physischen Ebene werden Sie den Kreis aufbauen müssen, idealerweise mit einem Altar in der Mitte und Stühlen in den Himmelsrichtungen für andere Teilnehmer. Wenn Sie allein sind und in einem kleinen Raum arbeiten, werden Sie imaginieren müssen, daß Ihr Kreis über die Möbel und vielleicht sogar über die Wände hinausgeht.

Für einen einfachen Ritus werden Sie ein Minimum von einer Stunde benötigen, für einen größeren Ritus drei oder vier Stunden. Die Durchführung des Rituals selbst braucht nicht lange zu dauern, aber die Vorbereitung kann viel mehr Zeit in Anspruch nehmen, als Sie denken, besonders wenn Sie eine Menge Zubehör zusammentragen und vorbereiten müssen. Sie brauchen Zeit, um ruhig zu werden und die Sorgen der äußeren Welt beiseite zu schieben, ein Bad oder eine Dusche zu nehmen und sich in Ihre magische Robe zu kleiden.

Dann werden Sie Ihre magische Persönlichkeit annehmen und alle Kerzen und Symbole, die Sie verwenden wollen, aufstellen müssen. Später werden sie gesegnet, der Kreis wird gezogen, die Absicht des Ritus genannt und die Meditationen und Augenblicke der Stille, um Führung zu erhalten, werden in den Ablauf verwoben. Dann gibt es vielleicht eine Zeit der Aktivität: Chanten, Tanzen, Anfertigen von Talismanen, Durchführen einer Divination, Schulung innerer Aufnahmefähigkeit oder eine andere praktische Arbeit, die arrangiert werden muß.

Dann sollte es eine Pause zum Nachdenken geben, bevor Sie den Kreis schließen; diese beginnt im allgemeinen mit einer Kommunion und Dankesgebeten für Frieden und andere großmütige Ideale. Auf dieses Stadium folgt das abschließende Senken der Kraft, das Schließen der vier Himmelsrichtungen, Löschen der Kerzen, Schreiben der Berichte und dann das allgemeine Aufräumen und Wegpacken der magischen Ausstattung, Ablegen der Robe und ein erdender kleiner Imbiß oder ein heißes Getränk!

Diese ungefähr zwölf Stadien müssen einzeln studiert werden. Vielleicht werden Sie Gebete entdecken oder schreiben müssen, die Sie aufsagen, wenn Sie Ihr Bad nehmen, so daß Sie körperlich und geistig gereinigt sind. Sie können Ankleidegebete sprechen, die Ihnen helfen, Ihre magische Persönlichkeit anzunehmen, so wie das jeder Priester tut, wenn er sich für eine Messe ankleidet. Jedes magische Zubehör hat seine eigene Bedeutung und Kraft, und diese sollten Sie anerkennen, wenn Sie es hervorholen. Sie werden die Himmelsrichtungen segnen und vielleicht eine Kerze anzünden müssen, um jene Götter oder Engel anzurufen, mit denen Sie arbeiten, und die Ihre Magie bewachen, leiten und erleuchten sollen. Sie können mit jedem der Elementsymbole den Kreis abschreiten und während Sie das tun, eine Segnung sprechen oder sich einfach von Ihrem Sitz vor dem Altar aus in jede Richtung verneigen, wenn Sie wenig Platz haben. Eine Menge wird davon abhängen, wie einfach oder glanzvoll Sie sein wollen und ob Sie Gefährten haben oder nicht.

Als nächstes sollten Sie den inneren Tempel aufbauen, das Drehbuch, das den Ablauf auf den inneren Ebenen des Rituals skizziert. Das kann entweder die sehr kurze Beschreibung eines solchen heiligen Ortes sein oder eine lange und detaillierte Beschwörung einer gesamten Szene. Danach werden Sie eine kleine Pause einlegen müssen, um das Bild bei geschlossenen Augen real und sichtbar werden zu lassen.

Das nächste ist die Zielsetzung des Rituals, die Absichtserklärung, die auf Seite 108 näher erläutert wird. Das kann eine klare und präzise Bitte sein, die Feier eines Festes, eine Danksagung oder eine Divination, und alle Anwesenden sollten übereinstimmend gewillt sein, mit ihrer Energie zur Erreichung dieses Zieles beizutragen. Dieser Abschnitt wird wahrscheinlich der längste sein, denn er kann eine Pantomime beinhalten, poetische Reden, Tanzen, Chanten, Musik, eine weitere innere Reise oder das Erstellen eines Horoskops. Nach Abschluß dieses Teils wird es wieder notwendig sein, daß Sie eine Pause einlegen, Ihre Gedanken sammeln und still zuhören, so daß Ihre innere Führung, Antworten auf Ihre Bitten oder weitere Inspirationen durchkommen können. (Sogar ein strenges »Nein, du hast um das Falsche gebeten« kann gelegentlich zu hören sein.)

Das Schließen des Rituals beginnt mit der Kommunion, die keineswegs eine Beleidigung des Christentums ist, sondern vielmehr ein äußerst alter Aspekt der Verehrung und des gemeinsamen Rituals, durch den jeder Teilnehmer seine göttliche Abstammung und seine Einheit mit allen Wesen, den sichtbaren und unsichtbaren, anerkennt. Durch das Teilen von Brot und Wein werden Arbeitsgruppen miteinander vereint, auch wenn es sich nur um eine kurze und flüchtige Erfahrung handelt! Sie sind quer durch Zeit und Raum auch mit allen anderen Menschen verbunden, die ein ähnliches Ritual feiern. Die Kommunion kann ein wirklich erhebendes Erlebnis sein, für das man sich Zeit nehmen sollte. Es kann einige Mühe erfordern, den Kelch mit dem zu teilenden Getränkes willig in beide Hände zu nehmen und dabei in die Augen des Menschen zu schauen, von dem man ihn gereicht bekommt, aber es ist ein wichtiger magischer Moment. Wenn Sie den Kelch an die nächste Person weitergeben, wird er oder sie es vielleicht ebenso schwer finden, Ihrem Blick standzuhalten, der warm und liebevoll sein sollte.

Nach der Kommunion sollte es einen weiteren Augenblick der Stille geben, so daß die Energien im Kreis sanft beginnen können, sich aufzulösen. Oft findet im Anschluß daran eine Art Geschäftstreffen statt, auf dem zukünftige Pläne diskutiert werden und Arbeiten, die Ergebnisse gebracht haben, wo Kandidaten in höhere Grade erhoben oder Namen und Details von zukünftigen Kandidaten bekanntgegeben werden. Manchmal werden Geschichten erzählt oder es gibt eine Instruktion über die Bedeutung eines Festes, aber diese Dinge gelten eher für etablierte Gruppen mit mehr als fünf Mitgliedern. Dennoch werden Sie, auch wenn Sie allein arbeiten, möglicherweise feststellen, daß Sie die Anwesenheit der Götter so stark fühlen, daß sie zu Ihnen sprechen und Ihnen Instruktionen oder Inspiration geben.

Zuletzt muß der Reihe nach jede der vier Himmelsrichtungen geschlossen werden, und zwar in umgekehrter Reihenfolge wie bei der Eröffnung. Gleichzeitig werden auch die Kerzen gelöscht. Das zentrale Licht auf dem Altar bleibt normalerweise brennen, und den Weihrauch läßt man verglühen, außer man kann die heiße Glut sicher auf die Erde im Freien werfen. Die Reste von Wein und Brot sollten immer der Natur übergeben werden. Das Schließen des Rituals sollte langsam und stetig vor sich gehen, und jede verbliebene Kraft in das Universum zurückgeschickt werden, damit man später wieder darauf zurückgreifen kann. Allen göttlichen Wesen, Göttern, Engeln oder Elementarwesen, die Sie eingeladen haben, sollte gedankt werden, und sie sollten sich zurückziehen können, wie es ihnen beliebt. Sie können ihnen weder befehlen zu erscheinen, noch wieder zu gehen. Sie sind der Eindringling, der im Geist in ihre Reiche reist, und daher ist es in Wirklichkeit Ihre Wahrnehmung, die ins Normalbewußtsein zurückkehrt.

Ganz zum Schluß räumen Sie auf, legen Ihre Robe ab, packen alle Ritualgegenstände weg und schreiben Ihren Bericht nieder, was ein ganz wesentlicher Teil der praktischen Magie ist. Erst wenn Sie das Buch schließen und Ihre Tasse Tee trinken, ist das Ritual wirklich beendet. Wenn Sie keine großen Kraftwogen gespürt oder fremdartige und mächtige Wesen gesehen haben, hat Ihre Magie wahrscheinlich richtig funktioniert! Je sanfter die Effekte sind, desto kraftvoller wirken sie. Ein Ritual, das gut vorbereitet ist und problemlos abläuft, wird viel wahrscheinlicher Erfolg haben als eines, in dem Sie sich fühlen wie in einem ausgebrochenen Achterbahnwagen, mit eigenartigen Visionen, die aus dem Weihrauch aufsteigen, und einem überwältigenden Gefühl von Panik und Unruhe.

Sie werden vielleicht Dinge in Ihren Träumen sehen und ein paar Tage später die Antworten auf Ihre Gebete in Büchern entdecken oder in den Worten eines Freundes. Auf diese Weise wird Ihr Ritual seinen Zweck erfüllen. Sie sollten sich am Ende fit und voller Energie fühlen, nicht erschöpft und müde. Die Energie, die in Ritualen erzeugt wird, sollte kontrolliert werden und etwas davon sollte Ihre eigene Kraft, die Sie während der Arbeit aufbrauchen, wieder ergänzen. Sie sollten sich nie ausgelaugt fühlen, denn wenn das der Fall ist, blockieren Sie den Energiefluß, und das kann Ihrer Gesundheit schaden. Sie können am besten sicherstellen, daß Sie keine Energie verlieren, wenn Sie langsam vorgehen, die Kraft hochsteigen lassen, mit ihr verschmelzen und sie dann sanft abbauen, so daß sie sowohl alle Teilnehmer erfrischt als auch dem Zweck Ihres Rituals zugeführt wird. Beeilen Sie sich niemals. Das ist der Grund für weitaus mehr Versagen in der Magie als jeder andere Faktor. Sie können ein magisches Ritual kaum jemals langsam genug durchführen!

Seien Sie geduldig, wenn Sie ein Ritual beendet haben. Führen Sie es durch, so gut Sie können, und seien Sie wachsam, wenn mitten im Ritual Änderungen gemacht werden müssen. Geben Sie sich zwischen den einzelnen Abschnitten einige Augenblicke der Meditation oder des Schweigens. Lassen Sie andere Teilnehmer in das Ritual eingreifen, wenn sie inspiriert sind zu sprechen oder etwas Wichtiges sehen oder wahrnehmen. Wenn alles vorbei ist, tauschen Sie Ihre Erfahrungen untereinander aus und dann, wenn die Arbeit etwas in der Zukunft bewirken soll, tun Sie das Schwierigste, *vergessen Sie sie vollständig!* Das ist Teil der Magie. Wenn Sie ständig an dem herumkritisieren, was Sie versucht haben, und sich Sorgen machen, ob es funktionieren wird oder nicht, werden Sie verhindern, daß es sich manifestiert. Vergessen Sie das Thema einfach, zumindest zwei Wochen lang oder vorzugsweise einen ganzen Monat; dann sollten sich bereits einige Resultate zeigen. Wenn als Ergebnis des Rituals Ideen in Ihrem Kopf auftauchen, schreiben Sie sie in Ihr Buch, aber machen Sie sich keine Gedanken über das, was Sie getan haben. Es ist getan, Schluß aus! Ein Samen wurde in einer anderen Dimension gepflanzt, und wie ein Samen in der Erde braucht er Zeit, um zu wachsen und sich zu materialisieren. Sie werden plötzlich feststellen, daß das, worum Sie gebeten haben, oder etwas sehr ähnliches in Ihrem Leben aufgetaucht ist. Dann sagen Sie »danke«.

Danksagung

Wenn Ihr Ritual erfolgreich war, ist es immer wertvoll, eine kleine Dankesarbeit durchzuführen oder als Teil in Ihr nächstes Ritual einzubauen. Verbrennen Sie etwas Weihrauch oder stellen Sie einige Blumen auf, wenn Sie erkennen, was Sie erhalten haben. Vielleicht haben Sie für diese Gelegenheit ein Gebet, oder seien Sie einfach still und aus Ihrem Herzen heraus dankbar. Nur wenn Sie sich bedanken, wird auch Ihre nächste Bitte erfüllt werden. Die innere Welt ist voller Potential für positive Veränderungen, und ihre Wesenheiten sind hilfsbereit, aber Sie müssen sie immer mit Respekt und Ehrerbietung behandeln und ihnen danken, so gut Sie können, wenn etwas zu einem erfolgreichen Abschluß gekommen ist. Auch wenn nach einigen Wochen nichts geschehen zu sein scheint, werden Sie, wenn Sie den Bereich Ihres Lebens, in dem Sie um Hilfe gebeten haben, untersuchen, oft feststellen, daß es sehr wohl eine Veränderung gegeben hat, so geringfügig, so subtil, daß Sie sie nicht bemerkt haben, bevor Sie nicht danach suchten. Sie müssen sich immer bedanken, auch wenn Sie finden, daß das, was Sie erhalten haben, nicht ganz das ist, worum Sie gebeten hatten. Das sind die Wege der Magie. Es ist überraschend, was Sie erhalten können, wenn Sie dafür arbeiten, aber Sie müssen sich immer bewußt sein, daß es das ist, was Sie brauchen, und nicht das, was Sie sich wünschen!

Danksagungen sind eine der vielen Ritualformen, die Sie vielleicht durchführen oder entwerfen möchten. Sie werden dem vorherigen Abschnitt entnehmen können, daß es eine Reihe von Schritten gibt, die man in nahezu allen Ritualen findet. Wenn Sie sich eine Liste anlegen, werden Sie sehen, welche Aufgabe vor Ihnen liegt, wenn Sie ein Ritualmagier werden wollen. Sie müssen eigene Rituale für sich und Ihre Gefährten entwerfen, denn die Worte und

Handlungen anderer nur zu kopieren, wird wenig Wirkung haben und kann sehr verschieden von dem sein, was Sie tatsächlich brauchen. Deshalb besteht dieses Buch nicht aus Zaubersprüchen – sie würden für Sie nicht funktionieren, denn Ihre Bedürfnisse, Fähigkeiten und Erfahrungen sind anders als meine. Das gilt für die meisten Bücher über Magie. Die Rituale wurden für andere Menschen unter anderen Umständen geschrieben, und obwohl sie vielleicht nützliche Ideen enthalten, persönliche Gebete oder Handlungen, ist es besser, wenn Sie sich im vorher genannten Rahmen Ihre eigenen Anordnungen schreiben oder schaffen.

Übung 9 – Der Ablauf des Rituals

Gehen Sie mit Notizblock und Bleistift durch den vorigen Teil dieses Kapitels. Numerieren Sie zwölf einzelne Blätter Papier von eins bis zwölf und tragen Sie dann alles ein, was Sie über jeden der Hauptabschnitte des Rituals finden können, von der Vorbereitung bis zum Aufräumen am Ende. Sie werden diese Abschnitte mit Ihren Gefährten diskutieren oder der Reihe nach über jeden meditieren müssen, um herauszufinden, wie wichtig er für Sie ist.

Sie können auch beginnen, Dinge wie die Ausstattung einzutragen, die in jedem Abschnitt benötigt wird – wenn Sie zum Beispiel die Himmelsrichtungen festlegen, werden Sie vier Kerzen, Kerzenhalter und eine Schachtel Streichhölzer brauchen. Sie werden wahrscheinlich auch ein Pentakel, einen Kelch, einen Stab und ein Schwert brauchen, vier Tische mit verschiedenfarbigen Tüchern und vier Stühle für die Wächter der Himmelsrichtungen. Sie werden ein Weihrauchgefäß brauchen, Holzkohletabletten, verschiedene Arten von Harzen und Kräutern und vieles mehr. Sie werden möglicherweise nicht alle diese Dinge gleich zu Anfang verwenden wollen, aber Sie sollten alles wirklich verstehen, für den Fall, daß sich eine Gelegenheit ergibt, bei der Sie Ihre Arbeit mit anderen teilen können oder einer Gruppe beitreten. Gehen Sie alle zwölf (oder mehr) Stadien durch, schreiben Sie sich auf, was Sie brauchen könnten, was Sie bereits haben und welche Dinge Sie anfertigen, kaufen oder imaginieren können.

Die Absicht

Es gibt verschiedene Anlässe für Rituale. Da sind zum Beispiel die jahreszeitlichen Feste, die einen sehr wichtigen Teil des religiösen Lebens von Heiden und Hexen bilden, denn ihre Kunst basiert auf der Geschichte ihrer Göttinnen und Götter. Sie werden vielleicht auch Ihre eigenen Feste, Geburtstage, Hochzeiten, Jahrestage, Taufen und Begräbnisfeierlichkeiten mit einem Ritual feiern wollen. Vielleicht wollen Sie die Mondphasen markieren, Neumond oder Vollmond, die Sonnenwenden und Äquinoktien oder, wenn Sie an Astrologie interessiert sind, sogar den Zeitpunkt, an dem die Sonne in die einzelnen Tierkreiszeichen eintritt. Jahreszeitliche Feste dienen vor allem der Verehrung und der Kontaktaufnahme mit den Zyklen der Natur und Verehrung, weniger der konstruktiven Magie, obwohl zum Beispiel die Arbeit mit den Mondphasen die Wirksamkeit Ihrer Heilungsrituale und der Rituale zum Erwerben von übersinnlichen Kräften erhöhen kann.

Andere rituelle Arbeiten finden Sie in formalen Logen, deren Treffen vorgeformte Muster haben, wie Einweihungszeremonien und Riten, in denen passende Kandidaten durch eine Reihe von Graden erhoben werden, wenn ihr Wissen und ihre Kraft zunimmt.

In eine etablierte Loge werden Sie formell eingeweiht werden müssen, Sie werden sich an ihr Ausbildungssystem und ihre Symbolik halten und die Geheimnisse Ihres Grades bewahren müssen. Magische Logen werden normalerweise mehr wie Leistungsgesellschaften und weniger wie Demokratien geführt. Ihr Aufstieg in die verschiedenen Grade wird eher von Ihren zunehmenden Fähgikeiten abhängen als davon, wie lange Sie schon Mitglied sind oder wieviel Geld Sie in die Logenkasse zahlen können. In der Magie ist sehr häufig die Geschicklichkeit wichtig, mit der Sie eine Position ausfüllen. Sie können daher rasch Fortschritte machen oder nur langsam aufsteigen. Nur Ihre eigenen Anstrengungen und Fertigkeiten, Ihr eigenes Wissen und Ihre eigene praktische Erfahrung werden Ihnen helfen, durch die Grade aufzusteigen. Wenn Sie Jahre damit verbringen müssen, das Tempelsilber zu polieren, und dadurch Wissen von denen, die über Ihnen stehen, erlangen können, sollten Sie diese Chance willkommen heißen! Mit Geduld und einer Menge harter Arbeit können Sie vielleicht bis zum Logenmeister aufsteigen, und dann sind Sie es, der die Ausbildung blutiger Anfängern leitet, die über allen Enthusiasmus der Welt verfügen, aber keine Ahnung haben, wie man Magie betreibt! Was Sie als Novize lernen, wird die Grundlage für Ihre gesamte magische Karriere bilden, deshalb sollten diese Grundlagen tief, stark und echt sein, oder Sie werden nicht sehr weit kommen. Wirklich gute Logen sind jedoch sehr selten, und wenn Sie eine entdecken und die Ehre haben, aufgenommen zu werden, sollten Sie sehr dankbar sein.

Viele Rituale, die von Einzelpersonen durchgeführt werden, dienen der Steigerung der Selbstbewußtheit, der inneren Führung, der Selbstheilung oder der Konzentration divinatorischer Kräfte. Sie können der Bitte um Hilfe von den Vorfahren Ausdruck verleihen, wie es die Schamanen tun, indem sie trommeln und tanzen, oder die Begegnung mit einem Totemtier, einem Totembaum oder einem Schutzengel, der Sie die inneren Mysterien lehren kann, zum Ziel haben. Vielleicht führen Sie ein Opferritual durch, um für den Erfolg einer magischen Arbeit zu danken, wenn Sie sich einem besonderen Pfad widmen oder eine Selbstinitiation feiern. Vielleicht müssen Sie ein Schutzritual durchführen, eines zum Reinigen oder Bannen ungewollter Angewohnheiten oder Ideen oder um ein neues Haus oder sogar ein neues Auto zu segnen und zu schützen.

Einige Rituale werden öffentlich als Tänze ausgeführt, als Mummenschanzspiele oder heilige Dramen, wie die Mysterienspiele, die dem gewöhnlichen Volk biblische Szenen in leicht verständlicher Form präsentieren und doch die Mysterien der einzelnen halb-magischen Handwerksgilden enthalten. Zeremonien wie das Schmücken von Brunnen, das Entzünden von Osterfeuern, das »Scheibenschlagen« im alemannischen Raum, Reigentänze und so weiter enthalten halbvergessene Fragmente vorchristlicher Feste und Rituale. Viele sollen die Kraft der Sonne stärken, von der wir immer noch abhängen. Bei manchen dieser Volksfeste werden runde, gelbe Pfannkuchen in die Luft geworfen, runde, gelbe Käseräder oder brennende Holzscheiben über Hügel gerollt, eine goldene Kugel oder brandneue Pfennige werden in die Luft geworfen und Feuer auf weithin sichtbaren Hügelspitzen entzündet. All das stellt die Hitze, das Licht und die Kraft der Sonne dar. Indem man sich mit grünen Blättern schmückt und die Straßen mit Blumen bedeckt, verehrt man das Wachsen von Mutter Natur und feiert die Rückkehr des Frühlings.

Einige Rituale dienen einem einzigen, direkten Zweck, wie der magischen Ladung eines Talismans oder der Heilung einer Person, die beim Ritual sogar anwesend sein kann. In jedem Fall ist es am besten, den Kreis normal zu eröffnen und dann entweder den Talisman herzustellen oder zu segnen oder den Engel der Heilung zu bitten, der Person beizustehen (wenn sie nicht anwesend ist, kann sie auch durch einen Brief, der um Hilfe bittet, oder vielleicht eine Fotografie repräsentiert werden). Wie schon zuvor erwähnt, sollten Sie nicht handeln, bevor Sie nicht ausdrücklich darum gebeten werden, und Sie dürfen weder die Heilung noch etwas anderes verlangen. Egal, welche Arten von magischen Arbeiten Sie durchführen, lassen Sie immer den Göttern das letzte Wort über den Ausgang. Sie sind viel weiser und weitsichtiger, als wir je werden können. Sicherlich werden sie uns zeigen, was wir tun sollen, aber wir müssen uns hinsetzen, ihnen in stillen Augenblicken der Meditation zuhören und dann gewillt sein, uns von ihren Anweisungen lenken zu lassen.

Die ergiebigsten Rituale, die Novizen durchführen können, sind die zum Verständnis der eigenen inneren Fähigkeiten und der eigenen Beziehung zu den anderen Reichen des magischen Universums. Sie können die Form von Pfadarbeiten haben, in denen Sie vergangene Aspekte Ihres jetzigen Lebens und Ihre Beziehungen wiedererleben, um sie in einem neuen und klareren Licht zu sehen, oder Sie können ein Divinationssystem verwenden. Durch sorgfältiges und zeremonielles Errichten des Kreises oder Tempels werden Sie Vertrauen und Praxis erwerben, so daß diese rituellen Handlungen zu einer zweiten Natur werden und jedesmal funktionieren. Das wird zum sanften Übergang in jene entspannten Bewußtseinszustände führen, in denen sich die Realität der inneren Reiche offenbart. Wenn das einmal gelungen ist, ist es viel leichter, wirksame Ergebnisse aus Tarotkarten oder dem I-Ging zu erhalten oder in einer Kristallkugel oder einem schwarzen Spiegel etwas zu sehen.

Auf genau die gleiche Weise können Sie mit Göttern und Göttinnen, mit denen Sie arbeiten wollen, in Kontakt treten. Bauen Sie Ihren Kreis auf und stellen Sie ein Bild, eine Statue oder ein Symbol hinein, das sich auf den Wohnort der Gottheit bezieht; zum Beispiel eine Ansichtskarte vom Olymp für das griechische Pantheon, eine Pyramide für ägyptische Götter oder den Zweig eines besonderen

Baumes, um unsere keltischen Gottheiten willkommenzuheißen. Es muß nichts Glanzvolles sein. Dann lesen Sie Erzählungen über Leben und Taten der Götter oder verbrennen ihr Räucherwerk, spielen die Musik, die zur betreffenden Kultur paßt, stellen ihre Legenden schauspielerisch dar – und dann lauschen Sie. Seien Sie still, voller Erwartung und lassen Sie zu, daß die Gottheit vor Ihrem inneren Auge erscheint, in der Stille zu Ihrem inneren Ohr spricht und Ihnen Wissen vermittelt, das direkt in Ihrem Kopf aufblitzt. Dann danken Sie und opfern den Göttern wieder liebliche Düfte, Tanz, Gesang, Poesie oder was Ihnen passend erscheint.

Bereiten Sie sich darauf vor, eine Menge Forschungsarbeit zu leisten. Es gibt viele ausgezeichnete Bücher, alte wie neue, die man in reicher Auswahl in Buchgeschäften oder Leihbüchereien erhalten kann und die die Geschichten, Landschaften und heiligen Bilder aller Pantheons genau beschreiben. Machen Sie Ihre Hausaufgaben, fertigen Sie kleine Collagen an mit Symbolen, Farben, Illustrationen und magischen Gegenständen, die Ihren gewählten Gottheiten zugeordnet sind. Besticken Sie Altartücher oder fertigen Sie Banner und Wandbehänge an, um den Ort, an dem Sie arbeiten und meditieren, zu schmücken. Diese Wandbehänge und Banner können leicht zusammengerollt und weggeräumt werden, wenn sie nicht in Benutzung sind, und verbinden Sie rasch und wirksam mit den Kräften, bei denen Sie Hilfe suchen. Experimentieren Sie, aber seien Sie immer vorsichtig, höflich und bedacht in Ihrer Annäherung, und Sie werden erstaunt sein, wie stark, treffend und unmittelbar die Hilfe sein wird.

Ritualtraditionen im Westen

Wir beginnen unsere Reise im Temenos (heiliger Tempelbezirk) der Mysterienschulen, wo wir sehen, wie die einheimische Tradition in die hermetische übergeht und wie sich diese Traditonen von alten Zeiten bis in unsere Zeit erhalten haben und gepflegt wurden ... Wir sehen, daß die Rolle des Magiers sowohl eine Weiterentwicklung des Schamanen als auch des Mysterienpriesters ist ...

Der westliche Weg, Bd.2
John and Caitlin Matthews

Heute stehen wir nicht nur vor der Wahl, magische Gelegenheiten, denen wir begegnen, anzunehmen oder zu ignorieren, sondern können auch aus einer breiten Vielfalt von unterschiedlichen Traditionen auswählen. Bis zu einem bestimmten Ausmaß werden die Entscheidungen von Studenten der Mysterien davon abhängen, was sie zuerst auf den Pfad der Magie geführt hat oder welche Freunde sie haben, aber es ist wichtig zu erkennen, daß wir alle das Recht haben zu wählen. Obwohl die meisten Menschen, die über magische Studien nach der Wahrheit suchen, ihre Richtung mehrere Male ändern, ist das Leben viel einfacher, wenn die schwierige Wahl, ob man in einer Gruppe bleiben soll, die nicht länger die eigenen Bedürfnisse erfüllt, oder ob man es mit einer anderen versuchen will, nicht zu oft getroffen werden muß.

In vielen Fällen hat der Student keine Wahl bezüglich der Schule, der er sich anschließt, weil es die einzige in seinem Gebiet ist oder die erste, mit der er in Kontakt kommt. Es gab jedoch noch nie mehr Bücher, um Novizen anzuleiten, noch nie mehr Kurse, Korrespondenzlehrgänge und Ausbildungsschulen für angehende Hexen und Magier als heute. Jeder Lernende, der sich mit diesem Gebiet befaßt, wird ziemlich bald Hinweise auf diese »äußeren Höfe« finden und daher ein wenig über die Möglichkeiten wissen, bevor er eine Wahl treffen kann.

Historisch gesehen hat es immer geheime Versammlungen von gleichgesinnten Seelen gegeben, die darum bemüht waren, mehr über die verborgenen oder spirituellen Aspekte der Welt in ihrem eigenen Innern zu erfahren. Einige dieser Schulen blühten innerhalb etablierter Kirchen und vermischten Mystik mit Orthodoxie, hielten ihre Arbeit jedoch in Klöstern und abgeschiedenen Orden sehr geheim, wenn ihre Studien zu weit vom geraden und anerkannten Pfad abwichen. In heidnischen Zeiten gab es viele solcher geheimen Priesterschaften, die die einzelnen Gottheiten nicht nur verehrten, sondern auch deren Macht untersuchten und sich mit der Wissenschaft vom menschlichen Geist und den Techniken zur Förderung der Intuition beschäftigten. Nahezu alle alten Weisheitstraditionen enthalten Hinweise auf ihre noch älteren Grundlagen, auf die Wege, auf denen das alte Wissen von irgendwoher übermittelt wurde, und auf die Art und Weise, wie es über das Meer oder aus den Tiefen des Weltraumes durch das Licht der Sterne zur Erde getragen wurde.

Atlantis

Die älteste Tradition konzentriert sich um die Kultur und Magie von Atlantis, jenem legendären Archipel, der im Atlantischen Ozean versunken sein soll. Die Legende erzählt, daß entweder eine Naturkatastrophe oder die Perversion magischen Wissens zu einer Katastrophe geführt hat, die Berge zerschmetterte, die Inseln versenkte und ihre Völker über alle Meere zerstreute. Wir wissen weder, ob dies tatsächlich geschah, noch können wir beweisen, daß diese erste, fortgeschrittene Zivilisation mit ihren weißen Städten, großartigen Tempeln, heiligen Universitäten und wissenschaftlichen Forschungszentren tatsächlich Teil unserer materiellen Realität war, aber die meisten magischen Schulen gestehen dieser Geschichte Glaubwürdigkeit zu und führen einen Teil ihres Erbes auf diese längst vergangenen Kulturen zurück. Es gibt Magier, denen es gelungen ist, in der Zeit zurück in diese vorgeschichtliche Kultur zu gehen und ganz klar die Gebäude zu sehen, die Menschen zu treffen, den Lehrern zuzuhören und das geheime Wissen über die Gestirne und das Land, über die Kraftplätze und inneren Fertigkeiten zu erforschen.

Die Tore der großen Tempel haben sich jenen geöffnet, die sie einst durchschritten haben. Viele der Eingeweihten scheinen jetzt, am Ende des zwanzigsten Jahrhunderts, wieder am Leben zu sein und sind durch ihre moderne magische Ausbildung fähig, Verbindungen mit dieser Grundlage unseres heiligen Erbes wiederherzustellen oder sich in Erinnerung zu rufen. Diese Arbeit ist eine der vielen Aufgaben, in denen Studenten der Mysterien heute geschult werden, damit die moderne Welt unmittelbarer von den Wurzeln alten Wissens profitieren kann. Einige dieser Studenten sind Teil einer Gruppe, die sich »The Atlanteans« (englisch für: die Atlanter) nennt, eine Gesellschaft, die in den fünfziger Jahren in Großbritannien gegründet wurde und sich auf die Lehren des Helio Arcanophus bezieht. Einige wenige kleine Gruppen führen diese Arbeit heute weiter, aber auch viele andere magische Schulen geben diesem ständigen Quell an Wissen und Macht mehr als nur ein Lippenbekenntnis.

Ägypten

Eine andere frühe Tradition der Magie und Religion, die viel klarere Wurzeln hat, ist die des alten Ägypten. Über Skulpturen, Inschriften, Hieroglyphen-Papyri und erhaltene Tempel ist uns sehr viel von ihrem Erbe überliefert worden.

Das erste, was Studenten auf diesem Pfad erkennen müssen, ist, daß sie es mit einer Tradition zu tun haben, die sich über viele tausend Jahre entwickelt hat. Das bedeutet, daß es verschiedene Familien von Göttern und Göttinnen gibt, ebenso wie verschiedene Dynastien von Pharaonen, und es ist wichtig zu erkennen, welche zusammengehören.

Das zugänglichste, wenn auch nicht das älteste, ist das Pantheon um die Göttin Isis, ihren Bruder/Ehemann Osiris und deren Sohn Horus. In diese Reihe gehört auch die Göttin Nephthys, Isis' Schwester, die zuerst mit Seth, Osiris' dunklem Bruder, und dann mit dem schakalköpfigen Anubis verheiratet war. Zwei andere mächtige Gottheiten dieses Pantheons sind Thoth, der ibisköpfige Gott der Weisheit, und Hathor, die kuhköpfige Göttin der Mutterschaft und des Schutzes. Sie werden noch anderen tierköpfigen Gottheiten begegnen, die in der verwickelten Geschichte vom Kampf zwischen Wachstum und Licht, angeführt von Osiris, und Dunkelheit und Chaos, angeführt von Seth, eine Rolle spielen. Sie werden für manche Namen verschiedene Schreibweisen finden: Isis wird in anderen Umschriften der ägyptischen Hieroglyphen auch als *Aset* bezeichnet und Thoth als *Tahuti* Die katzenköpfige Göttin Bast wird auch *Bastet* genannt und so weiter.

Die Arbeit mit ägyptischen Götterfamilien ist sehr interessant, weil es trotz der vielen tausend Jahre, die die altägyptische Kultur von unserer trennt, und der Hunderten von Meilen, die wir vom Niltal entfernt sind, doch überraschend leicht ist, sich auf diese Gottheiten in ihrer heißen und sandigen Landschaft einzustellen. Die erste Übung, die potentielle ägyptische Magier durchführen müssen, ist, selbst herauszufinden, warum Isis, deren Name »Thron« bedeutet, einen Geier auf ihrem Kopf trägt, warum Thoth den Kopf eines Wasservogels hat oder Sekhmet das Gesicht einer Löwin. Wenn Sie eine gute Abbildung der von Ihnen gewählten Gottheit gefunden haben, zünden Sie eine Kerze an oder setzen sich vielleicht im Sonnenschein vor das Bild und fragen leise, warum. Dann hören Sie auf die Antwort, und der Grund für dieses eigenartig anmutende Aussehen wird Ihnen offenbart werden.

Griechenland

Eine weitere gut dokumentierte und leicht zugängliche Tradition ist die des klassischen Griechenland. Auch in diesem Fall wurden uns die Legenden von Göttern und Helden, ihren Schlachten im Himmel und auf Erden und die Familiengeschichten der Götter und Göttinnen auf vielfältige Weise überliefert. Details über die Feste zu Ehren der Götter und die Formen ihrer Verehrung kann man auf Vasen und Weinbechern in vielen Museen der Welt finden. Ausgezeichnete Bücher, sowohl wissenschaftliche als auch magische, erwecken dieses Erbe von Festen und alter Weisheit wieder zum Leben. Das süße Räucherwerk für die alten Götter kann auf neu geweihten Altären wieder brennen, und die Heldengeschichten können wieder inszeniert werden, um ihre Kraft neu zu beleben. Die klassischen griechischen Sprechgesänge leben weiter, die Philosophie ist uns noch immer zugänglich, die klassischen Schriften können in der Übersetzung studiert werden. Die alten Tempel, Theater und Heilstätten können besucht werden, sowohl auf dem griechischen Festland als auch auf den vielen Inseln, die, wie zuvor Atlantis, die Wiege unterschiedlicher Kulturen, religiöser Gepflogenheiten und Götter waren.

Sie können sich Athene vorstellen, mit Helm und Schild, von einer Eule begleitet, die in vielen Ländern als heilig verehrt wird, wie sie in den Tempeln mit den weißen Säulen auf den Hügeln Athens steht, oder Hephaistos mit dem wilden Haar in seiner Schmiede, wie er die vielen kraftvollen und magischen Kunstgegenstände im Feuer schmiedet. Sie können sich dem mächtigen Zeus, dem Vater der Götter nähern, der den Olymp regiert; oder der monderleuchteten Diana, die von ihren Hunden begleitet wird und mit ihrem Bogen in den Wäldern jagt; oder Artemis, der Schutzherrin der Frauen und Mondmutter; oder der dunklen Hekate, die im Licht des abnehmenden Mondes verehrt wird, an Kreuzungen, an denen Gerechtigkeit und Rache gesucht wurde und wo jene, die wagemutig genug waren, um Führung durch ihr altes Wissen gebeten haben.

Unter den Göttern, Helden und Faten gibt es genügend Gestalten, an die Sie Ihre Gebete richten oder deren Legenden Sie darstellen können, um ihre Eigenschaften oder Kräfte in Ihr Leben oder Ihren Tempel zu bringen. Wiederum müssen Sie forschen und lernen und über ein Bild, eine Skulptur oder ein Abbild der Orte, die Ihrer Gottheit, Ihrem Orakel oder Ihrer Heldin geweiht sind, meditieren. Bitten Sie um Hinweise, während Sie den harzigen griechischen Wein trinken, den Berghonig essen und Kretischen Diptam verbrennen, invozieren Sie mit reinem Herzen und klarem Blick die alten Kräfte von Pan, der sowohl der Verursacher des panischen Schreckens als auch der Schutzherr der Tiere und wilden Orte ist. Lauschen Sie dem eigenartigen Klang der Panflöte und anderer archaischer griechischer Instrumente und lassen Sie sich zurück auf die hellenischen Hügel führen, wo die Najaden spielen und die großen Wächter auf den Klippen über Delphi ihre zeitlose Wache über das Heiligtum des Lichts halten.

Rom

Die klassische römische Welt scheint weniger Einfluß auf das Neuaufleben der heidnischen Religion und magischen Praktiken gehabt zu haben, obwohl die römische Kultur ihre Spuren in fast allen europäischen Ländern hinterlassen hat. Wo immer sich die Römer niederließen, interessierten sie sich für die Götter die an diesem Ort verehrt wurden, und solange die einheimische Bevölerung akzeptierte, daß der jeweilige Kaiser ebenfalls wie ein Gott behandelt werden mußte, ließen sie alle Arten von Religionen blühen und gedeihen. Später änderte sich das natürlich, weil die Herrscher nicht immer so gottähnlich waren, und viele Kulturen keine bildhaften Darstellungen von Gottheiten erlaubten. (Obwohl die Kelten magische Köpfe schnitzten, personifizierten sie ihre Gottheiten nicht auf die gleiche Art wie die Römer.) Das war einer der Gründe, warum die römische Armee die Druiden niederschlug und ihre heiligen Waldhaine, Heilquellen und alten Heiligtümer zerstörte.

Wir sind mit den Namen der römischen Götter und Göttinnen vertraut, viele von ihnen sind gleichzeitig auch die Bezeichnungen für die Planeten, jene wandernden Sterne, die in der Astrologie und für die magischen Künste so wichtig sind. Wir sind vertraut mit Sol, Luna, Merkur, Mars, Jupiter, Venus und Saturn, und jeder, der zum Beispiel die praktische Kunst der Herstellung von Talismanen studiert, muß Zeit darauf verwenden, eine Liste von korrespondierenden Farben, Zahlen, Metallen, Räucherungen, Pflanzen, Tieren, Symbolen und Stunden des Tages zu erstellen, die den Planeten gewidmet sind. Auf diese Weise wird ihre Kraft sehr genau fokussiert, wenn der Talisman geladen und aktiviert wird.

Ein weiterer Aspekt des römischen Einflusses zeigt sich, wenn man Orte wie den Tempel von Sulis Minerva in Bath besucht, daß nämlich ein heiliger Ort sowohl der Heilung als auch der Divination gewidmet sein kann. Wie in Delphi haben auch hier neuere Forschungen und archäologische Untersuchungen gezeigt, daß dem Heiligtum über der einzigen, natürlichen heißen Quelle Englands ein Orakel angeschlossen war. Hier saßen die Priesterinnen in der dampfenden Atmosphäre und machten Vorhersagen über zukünftige Ereignisse, das Ergebnis der Heilbehandlung und nationale wie internationale Geschehnisse. Im Hof des großen Tempels waren die Altäre des Haruspex, der aus den Eingeweiden der Opfertiere die Zukunft der Person, die die Opfergaben dargebracht hatte, vorhersagte oder den erfolgreichen Feldzug eines Herrschers. Er achtete zu divinatorischen Zwecken auch auf die Flugrichtung und die Anzahl der Vögel, die den heiligen Bezirk überquerten, und deutete ihre Rufe.

Ein System der rituellen Divination, das römische Wurzeln hat, ist die Geomantie oder »Erddivination«. In der einfachsten Form drückt der Fragende punktierte Linien in die Erde oder in den Sand und denkt dabei ständig an seine Frage. Er macht vier Linien aus einer beliebigen Anzahl von Punkten, ohne sich darauf zu konzentrieren, und der Deutende untersucht jede Linie darauf, ob die Anzahl der Punkte gerade oder ungerade ist. Daraus wird ein einfaches Muster aus vier Linien mit einzelnen oder doppelten Punkten gezeichnet. Es gibt sechzehn mögliche Kombinationen, jede ist eine Figur im geomantischen System, jede hat eine präzise glückliche oder unglückliche Bedeutung, eine astrologische Interpretation und andere Signifikanzen, die der Deutende erklären wird. Jede geomantische Figur hat einen lateinischen Namen – *via*, der Weg; *rubeus*, rot; *populus*, die Menge und so weiter –, und wenn man die komplexe Interpretation jeder Figur in Verbindung mit der Frage betrachtet, kann ein günstiges oder ungünstiges Ergebnis vorhergesagt werden. Dieses System wurde in jüngerer Zeit weitgehend übersehen, aber inzwischen werden seine Kraft und seine Komplexität, wie die der Runen, von modernen magischen Zukunftsdeutern wieder neu entdeckt.

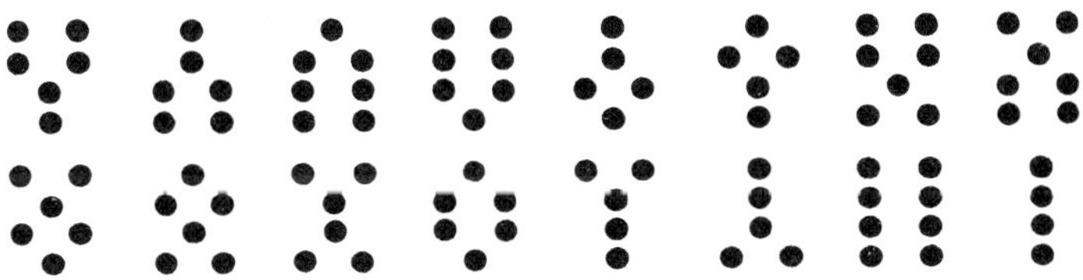

Die Druiden

Zur gleichen Zeit als die römische Armee durch Europa marschierte, lebten die keltischen Druiden in den bewaldeten Orten der Wildnis als Lehrer, Heiler und Magier. Es gab drei Arten von Magiern, die gewöhnlich unter dem Sammelnamen Druiden zusammengefaßt wurden: die Barden, die Ovates oder Vates und die Druiden-Priester und -Priesterinnen selbst.

Die Barden und Druiden waren eingeweiht in die Mysterien des Westens und brauchten viele Jahre, um die umfangreiche Geschichte, die Genealogie der Könige, poetische Verse, die Gesetze des Landes und die Fertigkeiten des Heilens, der Astrologie und der Magie zu erlernen. Sie waren die Lehrer, die Hüter der Aufzeichnungen, die Geschichtenerzähler und die heidnische Priesterschaft, die die Zeremonien leitete, Divinationen machte und den Göttern und Göttinnen Opfergaben darbrachte. Die Druiden suchten nach dem heiligen Mistelzweig, der gewöhnlich auf alten Eichenbäumen wächst, was ihnen wahrscheinlich ihren Namen gegeben hat, der wörtlich »die Eichenkundigen« bedeutet. Die Barden sangen die Balladen von Königen und Helden, brachten dem Volk Neuigkeiten und Informationen und gaben ihm eine Vorstellung von der Welt jenseits des eigenen Dorfes und Heimatlandes. Sie wurden dazu angeregt, Verse zu dichten, die die Tugenden der Klanoberhäupter rühmten und von ihren Taten, ihren Reichtümern und ihrer Macht erzählten. Die Rezitation dieser Verse dauerte oft stundenlang und wurde von Harfenmusik begleitet.

Die Vates waren eher die magischen Schamanen des Westens und bezogen ihre Macht direkt aus ihrer Verbindung zur Natur. Sie wurden unmittelbar von den Göttern und Göttinnen, mit denen sie kommunizierten, eigeweiht und hatten wenig mit der Druiden-Hierarchie zu tun. In der christlichen Zeit wurden sie zu heiligen Eremiten, lebten allein in Höhlen, gaben ihre Weisheit, Heilkraft und Führung weiter und erhielten ihre Inspiration und Fertigkeiten allein aus göttlichen Quellen. Sie hielten die Verbindung mit den Vorfahren aufrecht, wählten für die Kinder des Stammes Totem-Bäume und -Tiere aus, gaben ihnen Namen und bewahrten die einheimische Weisheit, die sie entweder durch direkte Offenbarung erhielten oder mediumistisch aus der Unterwelt. Die Barden trugen normalerweise Blau und die Druiden Weiß, während die Vates hauptsächlich Grün trugen, was sie eng mit ihrer natürlichen Umgebung verband, aus der sie ihr Pflanzenwissen zogen. Sie waren vermutlich mit dem Anlegen der heiligen Haine betraut, den Baumtempeln der Wildnis, in denen die Druiden sich trafen, um zu lehren und ihre Sonnen- und Mondfeste zu feiern. Sie erkannten die Linien, in denen die Erdkraft verläuft, die sogenannten Ley-Linien, und waren fähig, Steine mit Vibrationsenergie zu erfüllen, die bis heute von Menschen mit übersinnlichen Kräften unter ähnlichen Steinen ausgemacht werden können.

Die Angelsachsen

Als die Angelsachsen das römisch-keltische Volk besiegten, mit ihren Pflügen in die flachen, östlichen Gebiete der Britischen Inseln kamen und ihre Runenlehre den einheimischen Menschen nahebrachten, entstanden neue Ideen. Ursprünglich waren die Runenzeichen magische Sigillen und nicht, wie später, Buchstaben eines Alphabets. Jede Rune war nach einem Gott oder Ereignis, wie der Morgendämmerung, benannt, was ihnen entweder Schutzkraft verlieh oder sie zu einem Mittel für die Divination machte. Heute gibt es ein wiedererwachtes Interesse an diesem komplizierten Thema und an den Runen, die entweder auf Kacheln, Karten oder Holzplättchen dargestellt sind und auf esotrischen Märkten angeboten werden. Sie können ähnlich wie Tarotkarten zur Divination verwendet werden oder zum Schutz und als magische Zauber. Durch die Kombination von Runensymbolen können Zaubersprüche dargestellt werden, um Diebe abzuschrecken, sich vor Feuer zu schützen, um Gesundheit oder erfolgreiche Liebes- oder Geschäftspartnerschaften herbeizuführen. Wie jedes System müssen auch sie völlig verstanden werden, bevor ihre Kraft nutzbar gemacht werden kann, um die Zukunft vorherzusehen oder das Eigentum gegen Vandalismus zu schützen.

Heute sind nicht nur die Runen wieder sehr beliebt, sondern auch die vielen magischen Künste der angelsächsischen Völker werden wiederentdeckt. Es gibt frühe Texte über die Verwendung von Kräutern, über Pflanzenmagie und die Erstellung von Zaubersprüchen, und Studierende unseres sächsischen und nordischen Erbes beleben sogar die Kostüme und die Sprache dieser Völker wieder. Ein vollkommen neues System des Wicca oder angelsächsischen Hexenkults wurde von Raymond Buckland veröffentlicht. Er vermischt Aspekte der wiedergeborenen Hexentraditionen Englands mit Elementen des Kultes um die alten nordischen Götter und bietet jenen, die meinen, das könnte ihr Weg sein, ein neues Ritualsystem an. Andere Autoren arbeiten nur an der magischen Verwendung der Runen, obwohl man rund um Runentexte auch Ritualmuster und nützliche Zauber konstruieren kann.

Das Mittelalter und die henochische Tradition

Von der Eroberung durch die Normannen bis zur Zeit der Kreuzzüge kamen die Britischen Inseln mit vielen Kulturen in Kontakt. Durch vermehrten Handel und militärischen Austausch gab es immer einen viel größeren Kontakt zwischen den Völkern Europas, dem heutigen Frankreich, Deutschland, Belgien, Holland und noch weiter entfernten Ländern, als viele moderne Geschichtsbücher ahnen lassen. Die meisten Völker Westeuropas haben gemeinsame Vorfahren und teilen ein und dieselbe Tradition, und die Legende vom Heiligen Gral zum Beispiel findet man sogar in so weit entfernten Ländern wie dem heutigen Iran. Während des gesamten Mittelalters wanderten Barden und Sänger, Meisterhandwerker und Soldaten durch ganz Europa bis ins Heilige Land und brachten Teile dieser andersartigen Kulturen mit, neue Speisen, neue Kräuter und neues Wissen. Aus Arabien kam das alte Wissen der Astronomie mit den Namen der Sterne, die wir bis heute verwenden, Betelgeuse, Aldebaran, Spica, Sirius, Al Deneb und viele mehr.

Auch das ursprünglich indische Konzept der Null kam über die arabischen Länder nach Europa, und damit nahm die beinahe magische Kunst der Mathematik ihre moderne Form an. Der Astrologe, Mathematiker und Magier Dr. John Dee war der Ratgeber Königin Elisabeths I. Er errechnete mittels ihres Horoskops das Datum für ihre Krönung und war darüber hinaus im gesamten Land für seine Weisheit und seine außergewöhnlichen, praktischen Fähigkeiten bekannt. Er half mit, die Landkarten zu zeichnen, mit denen Sir Walter Raleigh und andere Kaufleute auf der Suche nach neuen Ländern über den Atlantik segelten. Er und sein Gefährte, Edward Kelley, brachten von einem Grab in Glastonbury zwei magische Pulver mit, mit deren Hilfe sie Teile einer kupfernen Wärmepfanne in Gold verwandelten.

Dr. Dee, dessen schwarzer Spiegel und Kristallkugel im Britischen Museum besichtigt werden können, befragte selbst die Engel, um weiteres Wissen zu erhalten. Er stellte einen Tisch auf schützenden Wachstalismanen auf und setzte manchmal einen jungen Knaben, manchmal Edward Kelley als Medium zum Kristallsehen ein. In diesen Sitzungen wurde ihm ein magisches Alphabet offenbart und ein System ritueller Evokation, das eine Anzahl von Rufen verwendet und henochische Tradition der Magie genannt wird. Das ist ein kompliziertes und sehr kraftvolles System und sollte nie leichtfertig verwendet werden, aber moderne Magier, die in die Fußstapfen von Dee treten, haben eine Menge über die Verwendungsmöglichkeiten der großen Talismane und Buchstabenquadrate in henochischer Schrift gelernt, aus denen man magische Formeln herleiten kann. Wissenschaftler haben mit den vielen Botschaften und entschlüsselten Teilen der henochischen Sprache gearbeitet. Anderen, die mit der Technik des Kristallsehens arbeiteten oder in der Geistvision reisten, wurden ähnliche Inschriften im selben sonderbaren Alphabet offenbart und Ihnen wurde gesagt, es sei atlantisch. All das ist sehr mysteriös, aber es gehört zu einer der magischen Traditionen, die erst jetzt, am Ende des zwanzigsten Jahrhunderts, wiederentdeckt wird, obwohl sie schon im sechzehnten Jahrhundert offenbart wurde.

Alchimie

Das Studium der Alchimie war zu Dees Zeiten ebenfalls sehr weit verbreitet, und noch heute gibt es praktizierende Alchimisten. Alchimie ist ein vielschichtiges System, bei dem es auf der materiellen Ebene darum geht, ein Metall oder chemisches Element in ein anderes zu transmutieren. Dieser Prozeß, der allenfalls durch Kernfusion praktisch durchführbar ist, hat eine Parallele auf einer tieferen, philosophischen Ebene.

Der Schweizer Psychoanalytiker Carl Gustav Jung war von alchimistischen Texten fasziniert und erkannte, daß Teile der alchimistischen Symbolik leicht mit der Suche des Menschen nach Individuation in Verbindung gebracht werden können. Es ist relativ leicht, in der Verwandlung von Blei in reines Gold ein Bild für den Wandlungsprozeß zu sehen, den die menschliche Seele durchläuft. Wer nach persönlicher Perfektion strebt, kann die alchemistischen Stadien, die unter anderem über die Auflösung und Schwärzung, schließlich zur erneuten Verbindung auf einer höheren Ebene (der Ebene der reinen Substanz) führen, in seinen eigenen, seelischen Prozessen widergespiegelt sehen, in eigenartigen und verwirrenden Veränderungen, die Teil einer praktischen magischen Ausbildung sind. Alchimie ist kein sehr gebräuchlicher Zweig der Magie, obwohl das Verständnis von der Wichtigkeit der Träume, unserer Beziehungen zu den Gottheiten, der Fähigkeit des Geistes, den Körper zu beeinflussen, unserer psychischen Fähigkeiten und der Verwendung von Symbolen, um Erfahrungen auszudrücken, die jenseits der Worte liegen, in den sehr weiten Bereich dessen fällt, was Jung erforscht hat.

Seite an Seite mit den wissenschaftlichen Fortschritten, die Magier und Forscher gemacht haben, gab es eine Richtung des religiösen Mystizismus. Die keltische christliche Kirche übernahm einige der Lehren der Druiden, die unter anderem einen Gott mit Namen Esus verehrten, der auf einem Baum starb. Die ursprüngliche Kirche in Glastonbury, die der Jungfrau Maria gewidmet ist, wurde vermutlich von Josef von Arimathea um 34 n.Chr. erbaut, viel früher als jedes andere frühchristliche Gebäude in Großbritannien. Die Überreste dieser kleinen Flechtwerkkirche, nahe den Ruinen der mittelalterlichen Kirche, wurden von Archäologen gefunden, und es gibt eine Menge an Beweisen, daß das seltsame »Tor«, das sich aus den ebenen Sümpfen erhebt, schon immer, seit der Steinzeit, ein heiliger Ort war. Damals wie heute war und ist es ein Zentrum der Pilgerschaft für Christen und Heiden, denn alle haben eine religiöse Verbindung mit der alten Kirche, der neueren Kirche oder dem heiligen Hügel und seiner magischen, roten Quelle im Tal. Josef war da, der Heilige Gral war da und vielleicht, in den Nebeln von Avalon, sind bis zum heutigen Tag, nur verborgen durch eine Verschiebung der Dimension, König Arthur und Merlin da.

Innerhalb der christlichen Kirche, in ihrer langen, verwickelten und oft grausamen Geschichte, existierten viele Sekten und magische Traditionen. Von den heiligen Eremiten, die allein in der Wildnis lebten, und den heiligen Frauen, die in keltischen Zeiten die heilenden Wasser der Quellen segneten und sich um die Kranken kümmerten, bis zur Weihe dieser Quellen an christliche Heilige in jüngerer Zeit, hat eine geheime Tradition überlebt. Sie hat auch in den Volksfesten überlebt, in den rituellen Prozessionen am Plough Monday (Montag nach dem Dreikönigsfest), im heidnischen Jule-Baumstamm zum englischen Weihnachtsfest, der mit Stechpalmen, Efeu und dem magischen Mistelzweig umwunden wird. Sie lebt weiter in den Mai- Festlichkeiten, den Maibaum-Tänzen und den Steferden, die man als Ersatz für die alten Tieropfer tanzen läßt. Viele Kirchen sind an irgendeiner Stelle noch immer mit dem Gesicht des Grünen Mannes und den Mond- und Erdgöttinnen in der Verkleidung einer Katze, eines Hirsches oder einer Blume geschmückt. Viele der christlichen Feiertage feiern viel ältere heidnische Ideen, von Mariä Lichtmeß, über die Johannisnacht und Mariä Himmelfahrt bis zum Michaelitag und Allerheiligen. Sogar das Osterfest erinnert viel mehr an die Göttin des Frühlings, Eostra, mit ihren heiligen Hasen und Eiern und dem ringsumher sprießenden Grün, als viele Christen es vielleicht wahrhaben wollen!

Im christlichen Mysterium der Wandlung von Brot und Wein während der Messe klingt eine viel ältere Kommunion nach, bei der es Korn war, das Fleisch der Erdgöttin, das verzehrt wurde, und Wein, das Blut des Gottes, der zu Ehren jener ewiglebenden, sich immer neu entwickelnden Gottheiten getrunken wurde. In den Klöstern und abgeschlossenen Gemeinschaften wurde viel Weisheit, Heilkraft und spirituelle Kraft gesammelt, und das Licht, das auf vielen Altären in alten Dorfkirchen brannte, hielt eine heidnische Flamme am Leben, die lange vorher auf anderen Altären entzündet worden war. Altes und Neues Testament geben viel Stoff zum Nachdenken und für die Meditation, so wie es alle historischen, mythologischen Texte tun. Über die Worte, Werke und Wunder Jesu zu meditieren, ist eine ebenso wertvolle magische Übung, wie sich heidnische Mythen oder Heldensagen vorzunehmen. Niemand verlangt von Ihnen, eine Schriftquelle als Credo zu akzeptieren, außer wenn sie das für Sie ist, aber da der Einfluß der christlichen Kirche, im Guten wie im Schlechten, unsere Kultur seit vielen hundert Jahren so wesentlich geprägt hat, sollte er nicht zugunsten eines neu-heidnischen Geistes völlig ignoriert werden.

Wie schon gesagt, haben sich in den kirchlichen Festen zahlreiche heidnische Riten erhalten. Mariä Lichtmeß wurde zum Lichterfest für die heilige Brigid, die die viel frühere Göttin des Frühlings und Schutzherrin der Brunnen und der Heilung ablöste. Maria Empfängnis im März feiert die Empfängnis des Sternenkindes, das zu Jule (zur Weihnachtszeit) in einer Höhle inmitten der Tiere des Feldes geboren wird, wie so viele ältere Götter vor ihm. Viele christliche Heilige waren früher heidnische Geister oder Hüter von magischen Orten. Vor allem im Westen Großbritanniens gibt es eine große Zahl von christlichen Heiligen, die mit den alten Schutzgeistern von heiligen Steinen, Brunnen oder Hainen in Verbindung gebracht werden können – Orten, die schon alt waren, als die Kelten kamen.

Die Kabbala

Wie die Sarazenen nach den Kreuzzügen, hinterließen auch andere Reisende aus dem Osten Spuren ihres Glaubens, ihrer Philosophie und ihrer magischen Künste. Mit den stärksten Eindruck, der sich bis heute bemerkbar macht, hinterließen die Lehren der Kabbala. Das Wort Kabbala bedeutet »von Mund zu Ohr«, und es handelt sich dabei um eine jüdische Überlieferung, die zunächst nur von Lehrer zu Schüler weitergegeben wurde, um sie geheimzuhalten. Aus diesem Grund können die kabbalistischen Lehren auch nicht als Religion bezeichnet werden. Grundlage der Kabbala ist der »Baum des Lebens«, eine Darstellung von zehn miteinander verbundenen Kreisen, etwa in der Form eines Baumes, der die Manifestation der einzelnen Kräfte versinnbildlicht, die vom Schöpfer ausgehen und sich durch den Baum nach unten in die Materie ergießen. Jeder der zehn Sphären wird ein Planet oder eine himmlische Manifestation zugeordnet, und die einzelnen Sphären sind durch eine Reihe von Pfaden verbunden. Jede Sphäre und jeder der zweiundzwanzig Pfade hat ein magisches Bild, das in der Meditation verwendet wird. Daher stammt der Ausdruck »Pfadarbeit«. Wenn Sie die symbolische Abbildung der Sphäre, von der aus Sie Ihre innere Reise beginnen, klar vor Ihrem geistigen Auge sehen, und dann mental den geeigneten Pfad zu einer anderen Sphäre gehen, durchbrechen Sie eine geistige Barriere und befreien damit Ihre innere Vision, so daß Sie eine große Menge an magischen Informationen aufnehmen können.

Jeder Sphäre wird ein Engel oder Erzengel zugeordnet und verschiedene Kräfte, Farben, Gottformen und hebräische Gottesnamen, und all das bildet die Grundlage für kabbalistische Rituale. Indem Sie lernen und verstehen, wer am Baum wo repräsentiert ist, wie diese Wesen genannt werden und welche Farben, Zahlen, Räucherungen und Symbole für welche Sphäre wesentlich sind, haben Sie eine gute Grundlage für talismanische Magie, für persönliches Wachstum (indem Sie erkennen, auf welchem Pfad Sie stehen) und für das Verständnis der Mythologie. Da der Baum in vier Welten dargestellt wird, gibt es tatsächlich vier Garnituren von Farben, Namen, Kräften und anderen Korrespondenzen. Es ist ein riesiges und komplexes System, aber eines, das in der westlichen Ritualmagie am häufigsten verwendet wird.

Das Ritualsystem des hermetischen Ordens »The Golden Dawn«, der gegen Ende des letzten Jahrhunderts gegründet wurde, basiert auf zehn Graden nach dem Abbild des Baumes. Es gibt zehn Offiziere, die die Stellung der Sphären einnehmen, vom jüngsten Initiaten an der Wurzel des Baumes bis zum Hierophanten auf seinem Thron im Osten an der Spitze des Baumes. Das Ritualsystem ist sehr formal, die Riten sind sehr wortreich und klingen für heutige Magier sehr archaisch. Dennoch ist es ein kraftvolles System, wenn man ernsthaft mit ihm arbeitet, und aus seinem geschwächten Wurzelstock gingen viele moderne, magische Orden und Bruderschaften hervor, die sich heute im geheimen treffen. Dion Fortune war Mitglied eines solchen Abkömmlings des Golden Dawn ebenso wie Crowley und viele andere Autoren, die durch die Enthüllung des geheimen Ordensmaterials berühmt wurden.

Die Kabbala wird oft als Einzelsystem verwendet, als Basis für regelmäßige Meditationen und innere Reisen. Es gibt Formen der Tarotdivination, die mit dem Baum verbunden sind, indem die Großen Arkana den Pfaden und die Kleinen Arkana den zehn Sphären in den vier Welten zugeordnet werden. Es gibt kabbalistische Rituale der Selbstweihung, Reinigung und des Schutzes, aber auch Anleitungen zur Herstellung von Talismanen, zur Durchführung von Heilungsritualen, um unsichtbar zu werden und eine Menge anderer Dinge. Auf ihrer langen Reise vom Osten in den christianisierten Westen hat die Kabbala alle Arten von Mythologien aufgenommen, und viele verwenden das Muster des Baumes als eine Art universelles Ablagesystem und setzen die nordischen Götter oder keltischen Helden in seine Äste, wie diese auf ihren eigenen Bäumen saßen und die sprechenden Zweige befragten. Wie bei jedem Datensystem können viele Dinge in die Nischen, die der Baum bietet, gestellt werden, aber dennoch passen nicht alle Traditionen wirklich hinein, und keine sollte in eine zehnfache Unterteilung gezwungen werden, wenn sie ursprünglich für ein lunares Neunermuster oder die zwölf Teile des Tierkreises entworfen wurde.

Der Hexenkult

Die zweite größere Entwicklung in den letzten dreißig Jahren ist das Wiederaufleben – oder manche würden sagen, die völlige Neuerfindung – des Hexenkultes oder »Wicca«, wie er manchmal genannt wird (von der angelsächsischen Wurzel *wicce*, was vielleicht »weise«, aber eher »gekrümmt« bedeutet. Normalerweise wird dieses Wort »wicka«, ausgesprochen, richtig wäre jedoch »witcha«.).

Moderne Hexen finden sich hauptsächlich in Coven zusammen, um die acht alten, jahreszeitlichen Feste zu feiern; sie halten zu Vollmond ihre Esbats ab für Heilung, Glück, Divination oder um häusliche Schwierigkeiten zu bereinigen. In früheren Zeiten arbeiteten Hexen gewöhnlich allein und dienten ihrem Dorf oder der verstreuten Gemeinschaft als Hebammen, Kräuterkundige, Tierärzte und Ratgeber in psychischen Dingen, sie bereiteten die Toten zum Begräbnis vor und leisteten Sterbehilfe. Es gibt keine Beweise dafür, daß es auf den Britischen Inseln und im übrigen Europa – von der Steinzeit bis in unser Jahrhundert – Coven gab, die gab es nur in der Phantasie der christlichen Ankläger. Sicherlich haben sich diese zaubermächtigen Leute an den alten Festtagen getroffen, von denen es mindestens neun gibt – Neumonde und Vollmonde nicht miteingerechnet –, aber sie haben keine Aufzeichnungen über ihre Versammlungen hinterlassen. Hier und da findet man Zaubersprüche, eine unter dem Herd begrabene Katze, eine mit Nadeln gefüllte Flasche, ein einfaches Holzbild, das in den Dachsparren einer alten Kirche oder eines alten Hauses versteckt ist. All das weist darauf hin, daß mit Magie gearbeitet wurde.

Heutige Coven mit ihren Hohepriesterinnen und Hohepriestern sind weit entfernt von der weisen Frau des Dorfes oder dem weisen Mann, die ihre Zauber im Licht des Mondes durchführten, die Kühe oder Warzen oder gebrochene Herzen mit Kräutern und Zaubersprüchen heilten. Das bedeutet nicht, daß es keine Verbindung gibt, aber sicher ist sie sehr dünn. Es gab ein kompliziertes Netz der Volksmagie, der grünen Kuren, der heiligen Plätze in abgelegenen Gegenden, der prickelnden Steine, heilenden Bäume und Fluchbrunnen; Beweise dafür finden Sie in Büchern über Folklore, in ländlichen Sitten und Gebräuchen, auf traditionellen Jahrmärkten, in abgelegenen Gegenden und vielen alten Gebäuden, wenn Sie danach Ausschau halten.

Der Hexenkult bietet Gleichgesinnten eine ausgezeichnete Gelegenheit, sich zu versammeln um die Aspekte der heidnischen Religionen wiederzuentdecken, neue Verbindungen zu den alten, aber nach wie vor lebendigen Göttern aufzunehmen, die magischen Riten zu teilen, im Kreis zu tanzen und zu singen und den roten Faden der geheimen Lehre aus dem wirren Knäuel aus Märchen, Sagen, Liedern und Volkskunst herauszulösen. Viele erlangen große Weisheit aus dem dreifachen Pfad der Verehrung, magischen Macht und Geschicklichkeit. Aber Sie müssen mit Leib und Seele dabei sein, Geisteskraft allein genügt nicht. Sie müssen den Ruf hören und eine so starke Sehnsucht verspüren, daß Sie bereit sind, die Konventionen von Familie und Erziehung abzuwerfen und sich selbst »Hexe« zu nennen. Diesen Schritt halbherzig zu tun, ist eine Beleidigung der ersten Eltern, der Alten der Wildnis, der Göttin und ihres Gemahls mit ihren vielen Namen.

Bevor Sie diesen Weg nicht wirklich einschlagen wollen, sollten Sie keine Versprechungen machen oder um Einweihung in einen Coven bitten. Es ist kein Pfad für jedermann, und viele echte und weise Hexen praktizieren die alten und einfachen Künste und Fertigkeiten der Naturmagie immer noch auf traditionelle Weise allein oder mit einigen wenigen Gefährten. Die Göttin wird Ihre Lehrerin sein, wenn Sie ihr Reich in der Meditation betreten. Sie wird Ihnen die

Schatten der Wirklichkeit im Mondlicht auf stillen Wassern und die sonnenhelle Kraft des Heilens und des Wachstums zeigen. Aber Sie müssen danach fragen, ohne Hilfe eines Priesters und allein, in Dunkelheit und Stille, mit wild klopfendem Herzen. Sie wird Ihnen antworten und Sie annehmen, so daß Sie in ihrer Familie wiedergeboren werden, als zweimal geborenes Kind der Kunst. Ihr Kreis ist riesig, begrenzt von den Bahnen der am Himmel wandernden Sterne, erleuchtet vom sich ständig verändernden Mond, erwärmt von ihrem Atem in einer Sommernacht. Die nährende Erde ist ihr Altar und ihr Busen, und ihr Lied ist die Stimme des Windes.

Welchen Pfad Sie auch wählen, und es gibt sehr viele mehr, als die, die ich hier kurz beschrieben habe, Sie müssen erkennen, daß Sie viel Zeit und Mühe aufwenden müssen, um die praktischen Künste der Meditation und des inneren Reisens zu meistern, die Sie tief in das Herz der von Ihnen gewählten Tradition tragen werden. Sie werden die Literatur studieren müssen und die Bilder und Kunstgegenstände aus den entsprechenden Kulturen. Die Kraft, die jedem System innewohnt, ist nicht leicht zugänglich. Sie muß erschlossen, ihre Symbole müssen genau verstanden, die entsprechenden Götter und Göttinnen in ihrer eigenen Sprache angesprochen und durch passende Opfergaben günstig gestimmt werden. Ihre Wohnorte müssen klar vor Ihrem inneren Auge erscheinen, und Sie müssen die Art und Weise, in der Sie mit Ihnen kommunizieren, Ihre Fragen beantworten oder Ihnen Führung anbieten, verstehen lernen, indem Sie schrittweise, Stück für Stück daran arbeiten, als würden Sie eine Fremdsprache erlernen oder ein schwieriges Musikstück.

Der Zyklus der jahreszeitlichen Riten und Feste

Sie war sich des rhythmischen Pulsierens im Raum bewußt, und mit einer Seite ihres Geistes wußte sie, daß es Malcolms Pulsschläge waren, die sie fühlte, aber mit der anderen Seite wußte sie, daß es der kosmische Rhythmus war; sie wußte auch, daß dies nicht zwei Dinge waren sondern ein einziges, und daß der Pulsschlag des Mannes eins mit der Urkraft wurde ...

Mondmagie
Dion Fortune

Die meisten Menschen genießen es, ihre Riten mit anderen zu teilen. Probleme ergeben sich häufig, wenn ein allein Arbeitender ein Fest oder einen persönlichen Jahrestag feiern will, aber seine Familie entweder nichts über seine magischen Aktivitäten weiß oder sie ablehnt. Der einsame Magier kann sich in einem Dilemma befinden und auf der einen Seite wünschen, jene, die ihm am nächsten und teuersten sind, zu einem gemeinsamen Fest einzuladen, sich auf der anderen Seite aber fragen, ob sie ihn auslachen und ablehnen werden. Es kann viel Nachdenken und Meditation kosten, aber es gibt Mittel und Wege, um die meisten Einwände zu umgehen. Es ist wichtig, die Ethik von magischen Ritualen zu unterstreichen und zu betonen, daß die Riten durchgeführt werden, um zu heilen, zu inspirieren und Verständnis zu gewähren, und nicht, wie die Regenbogenpresse behauptet, um Flüche zu verhängen, Schaden zuzufügen und den Willen anderer Menschen zu beherrschen.

Sie möchten vielleicht einen Geburtstag mit einem sorgfältig vorbereiteten Mahl feiern, bei dem die Tafeldekoration etwas von der geheimen Symbolik widerspiegelt. Ein Picknick im Freien mit den Kindern kann zu einer Naturlektion werden und zu einem jahreszeitlichen Fest, wenn Lieder oder Geschichten ausgetauscht werden, die von der Erdmutter und ihren Kindern erzählen und von den magischen Dingen, die geschehen, wenn die Jahreszeiten wechseln. Gute Anlässe für Parties sind Feste wie Weihnachten, wenn man sich dabei eher auf die heidnische Symbolik konzentriert als auf die später mit diesem Fest in Verbindung gebrachte Geburt des Christkindes, und Halloween, die Nacht, in der Geister und Hexen unterwegs sind, und traditionelle Spiele wie Apfeltauchen und die Zukunftsvorhersage aus Spiegeln zur Unterhaltung gehören. Rechnen Sie damit, daß man über Sie lacht, wenn Sie sich dazu entschließen, es den Jüngeren nachzumachen und sich als Hexe oder Zauberer zu verkleiden, oder wenn Sie schwarzes Gelee kochen und Lychees darin schwimmen lassen, die wie Augen aussehen. Wie wäre es zum Beispiel mit einem schwarzen Fest, bestehend aus Kaviar mit Roggenbrot, schwarzen Oliven, Blutwurst und einem dunklen Rosinenkuchen – und alles wird mit schwarzem, türkischen Kaffee hinuntergespült oder mit dunkelrotem Château Neuf du Pape oder unserem einheimischen Holunderbeerwein? Das mag eine eigenartige Mischung sein, aber sicherlich eine, die dazu beiträgt, das Eis zu brechen. Andere Halloween-Farben sind Purpurrot oder Orange. Wenn Sie ein paar Plastikfledermäuse von der Decke hängen lassen, könnten Sie die Party wirklich in Schwung bringen! Humor war schon immer ein wichtiger Charakterzug eines erfolgreichen Magiers. Er kann ihn aus verzwickten Situationen herausretten, und wenn er vor einer bestimmten Art von Arbeit Angst hat, kann ein Witz die Spannung lösen und es ihm ermöglichen, sich voll in seinem magischen Selbst zu entspannen. Es kann sehr wirkungsvoll sein, Leuten, die den Glauben oder die Erfahrungen des angehenden Magiers angreifen, mit einem Witz zu antworten, indem man ihre Angriffe entweder übertreibt oder die Eigenartigkeit esoterischer Beschäftigungen mit etwas Amüsantem vergleicht, etwa mit dem Züchten von Riesenlauch oder rosa Wellensittichen. Niemand wird denken, daß jemand, der solch ungewöhnlichen Aktivitäten nachgeht, verrückt oder gefährlich sei; warum also sollten Menschen, die sich mit dem Studium der alten Mysterien, Mythologien oder Volksgebräuche beschäftigen, besonders außergewöhnlich sein?

Wenn Sie beginnen, den natürlichen Zyklus der Feste zu untersuchen, die in den meisten Teilen Europas gefeiert wurden und an einige Orten noch immer gefeiert werden, werden Sie herausfinden, daß Sie sich auf helle und dunkle Zeiten einrichten können, auf fette und magere Zeiten, auf Zeiten aktiver und nach außen gerichteter Magie und Zeiten nach innen gerichteter Kraft und Meditation. Sie können Ihre eigenen Jahrestage hinzufügen oder Ereignisse, zu denen eine Art Ritual passen würde, wie zum Beispiel Hochzeiten, Geburten oder Begräbnisse.

Frühling

Wir beginnen den Zyklus der jahreszeitlichen Feste mit dem Frühlingsäquinoktium, wenn die Sonne ins Tierkreiszeichen Widder tritt. Das ist ungefähr am 21. März, wenn der Tag genauso lang ist wie die Nacht. Diese solaren Daten können sich um einen oder zwei Tage verschieben, überprüfen Sie sie daher mit der jährlichen Ephemeride. Betrachten Sie das Land um sich herum, sehen Sie die Osterglocken und die anderen gelben Frühlingsblumen, die sprießenden, grünen Spitzen an einigen der frühen

Büsche und die nackten, braunen Felder, die von einem Hauch neuen Wachstums umgeben sind. Traditionellerweise war das die Zeit, wenn die Saat ausgesät wurde, und viele der Gebräuche und Symbole der Osterzeit stammen aus älteren Wurzeln und wurden mit dem christlichen Fest in Verbindung gebracht. Die Eier und die Küken, die nach dem Willen von Mutter Natur um diese Zeit ausschlüpfen, die magischen Hasen, die in den Feldern kämpfen und als Schokoladenhasen die Regale in den Geschäften füllen, die offensichtliche Wiederkehr von Leben in die schlafende Erde, das alles sind sehr alte Symbole. Viele dieser Dinge können in eine Frühlingszeremonie eingebunden werden, in eine Feier, in der man die eisigen Klauen des Winters abschüttelt und erfrischt und gereinigt in das solare Neujahr eintaucht. Magisch gesehen ist es eine Zeit des Wachstums und der Ausdehnung, wenn Pläne, die im Winter ausgebrütet wurden, wirksam werden und Fertigkeiten, die man zu Hause aus Büchern gelernt hat, in die Welt getragen werden können.

Das nächste Fest ist das heidnische Beltane, das gute Feuer oder das Feuer des Himmelsgottes, das gefeiert werden sollte, wenn die Göttin der Erde in ihr neues, weißes Gewand von duftenden Hagedornblüten gekleidet ist. Es ist die Hochzeit von Himmel und Erde, aus deren Vereinigung zu Jule das Kind der Verheißung geboren werden wird. Es ist eine Zeit des Jubels und der Freude. Die Himmelskraft wird an die Erde gebunden, indem bunte Bänder um den blumenbedeckten Maibaum geschlungen werden. Mit dem Herannahen der längeren und lichteren Tage ziehen wir die heilenden und wärmenden Strahlen der Sonne in unsere Herzen und in unseren Geist. Viele der traditionellen Heilkräuter kann man jetzt sehen, Löwenzahnblüten vergolden Felder und Hecken und Glockenblumen spiegeln den Himmel in den Tiefen des grünen Waldes wider.

Sommer

Die kürzeste Nacht des Jahres ist die Johannisnacht, in der die Hochsommerfeuer Funken in den Himmel sprühen und sich viele Besucher an heiligen Stätten zusammenfinden, um zu feiern, Brot und Wein zu teilen, zu singen und zu tanzen und die alten Götter zu verehren. Viele unternehmen eine Pilgerschaft des Lichts nach Stonehenge, um an dieser alten Kultstätte zu beobachten, wie die Sonne zwischen den Steinen aufgeht. Einige bringen Freude und Frieden, andere entdecken während der kurzen Dunkelheit eine unbekannte und unfaßbare Wildheit in ihren Gefühlen. Es ist eine Zeit, in der die Sonne des Sommers mit der Dunkelheit des Winters kämpft und niedergeschlagen wird, um mit dem abnehmenden Jahr langsam dahinzuschwinden.

Lammas, wenn die Ernte beginnt und das erste Brot aus frisch gemahlenem Korn gebacken wird, gibt Anlaß für die Wiederbelebung vieler alter Bräuche. Die letzte Garbe Korn wird durch Losentscheid ermittelt und zum Kornkönig verflochten, der Kornpuppe in ihren lokal unterschiedlichen Formen und Mustern. Dieses besondere Symbol wird bis zur Aussaat im nächsten Jahr an einem Ehrenplatz im Haus aufgestellt, um mit seinem magischen Samen die Fülle für den neuen Zyklus sicherzustellen. Das Erntefest, der Höhepunkt des bäuerlichen Jahres, wurde in einigen Orten als Touristenattraktion wiederbelebt. Es erinnert an vergangene Zeiten und verbindet uns wieder mit den natürlichen Zyklen von Licht und Dunkelheit, Sommer und Winter, Schlaf und Wachen.

Herbst

Das nächste größere Fest ist Michaeli um die Zeit des Herbstäquinoktiums, wenn Tag und Nacht gleich lang sind und die fette Gans vom leeren Erntefeld ins Haus gebracht wird, um dort den Eßtisch zu schmücken. Der heilige Michael ist ein Sonnengott im christlichen Gewand, und seine Kirchen auf den Hügelspitzen markieren die Linie der untergehenden Sonne oder des aufgehenden Lichts quer durch das ganze Land. Einst wurde er Gwyn ap Nudd genannt, das Licht, das aus der Nacht geboren wurde, und kämpfte mit einem anderen Heiligen um den Zutritt zu seinem verborgenen Reich unter dem magischen Tor von Glastonbury.

Das ist die Zeit der persönlichen Ernte, die Zeit, in der alle Errungenschaften und Enttäuschungen, alle Erfolge und Mißerfolge im Schein des ausgeglichenen Lichts geprüft und gewogen werden. Die Dinge, die für gut und wert befunden werden, liefern die Samen für Unternehmen im nächsten Jahr, die Hoffnungen und Wünsche für einen weiteren Wachstums- und Arbeitszyklus.

Es folgt Halloween, eine Zeit der Divination und Vorbereitung auf die Ruhe des Winters, die Zeit für die nach innen blickenden Künste. Es war das keltische Neujahrsfest, denn die Kelten rechneten ihre Zeit in Nächten, und Halloween war der Vorabend des neuen Jahres. Wir haben noch immer den Ausdruck »a fortnight« (englisch für die Zeitspanne von zwei Wochen), vierzehn Nächte.

Die Zeit um Halloween wurde genutzt, um den Wert der Ernte zu schätzen, um die Zuchttiere aus den Herden der Rinder und Schafe auszuwählen und um andere Tiere zu schlachten und ihr Fleisch für den Winter einzupökeln. Es war eine Zeit, in der sich die Familie versammelte, um Rat abzuhalten, neue Kinder zu begrüßen, zu trauern und dahingeschiedene Seelen zu verabschieden, aber auch, um mit den Ahnen zu sprechen und ihre Lehren und Ratschläge zu hören, denn in dieser Zeit ist der Schleier zwischen Diesseits und Jenseits sehr dünn.

Viele Partyspiele, die zu Halloween gespielt werden, haben sehr alte Wurzeln. Der Apfelbaum war der keltische Baum der Unsterblichkeit. Seine silbernen Äste waren ein sicherer Passierschein für jene, die das Feenland besuchen und von dort wieder zurückkehren wollten, seine Früchte verbargen ein Mysterium, und er war als Baum des Wissens bekannt. Wer einen baumelnden Apfel an seinem Faden ergreifen oder ohne unterzutauchen mit den Zähnen einen Apfel aus einer Schüssel mit Wasser holen kann, wird in den kommenden Monaten Glück, Erfolg und Überfluß haben. Die Apfelschale, die in einem und ohne abzureißen geschält werden muß, wird über die linke Schulter geworfen. Aus der Art, wie sie fällt, kann man den Buchstaben erkennen, mit dem der Name einer neuen Liebe oder eines neuen Partners beginnt. Die Kastanien, die mit eingeritzten Zeichen auf den Herd gelegt werden, helfen echte Lieben von falschen unterscheiden, wenn sie mit einem Knall auseinanderbrechen.

Winter

In Großbritannien wird der Winter mit Lichtern und Feuern begrüßt, die von jedem Hügel flackern. Das ist ein ebenso alter Brauch wie die Sitte, Roßkastanien oder andere Nüsse zum Rösten und Aufbrechen ins Feuer zu legen und mit dem Knall die zurückkehrenden Reisenden willkommen zu heißen, die ebensogut auch die Göttin in Verkleidung sein konnten. Die Feier der mißlungenen Pulververschwörung aus dem siebzehnten Jahrhundert ist lediglich die Neuauflage eines älteren Festes, bei dem Puppen in das Feuer geworfen wurden, ebenso wie der Korbmann, der mit den Überresten von Mißerfolgen und alten Fehlern gefüllt war. Die Römer beschuldigten die Druiden, Menschen in Körben zu verbrennen, erkannten jedoch nicht, daß der leere Korb ein Symbol für jene nicht mehr benötigten Dinge war, jenen wertlosen geistigen und körperlichen Abfall, der weggeräumt werden mußte, bevor die Dunkelheit des Winters hereinbrach. Das Fleisch war kein heidnisches Opfer, das lebendig verbrannt wurde, sondern der Kadaver eines Tieres, das für die Tafel geschlachtet wurde und auf diese Weise dem Hungertod in den leeren Feldern und bitterkalten, schneeverwehten Hügeln entging. Vor Jule war dies das letzte Fest der Fülle.

Jule, der sächsische Name stammt von »wheel« (englisch für Rad), markiert eine andere Wendung auf dem spiralförmigen Pfad der Jahreszeiten. Es ist die Geburt des Sternenkindes an einem armseeligen Ort, in einem Stall unter Tieren, wo so viele Götter geboren wurden, Mithras, Horus und der Rest der Lichtbringer, Söhne der Sonne und Hoffnung für die ganze Welt.

Aber es war auch eine Zeit voller Angst und Bedenken, denn die Menschen fragten sich: »Was geschieht, wenn die Sonne nicht wiederkehrt? Was werden wir tun, wenn die Tage immer kürzer werden, bis kein Licht mehr übrig ist?«. Ungefähr vier oder fünf Nächte lang, beginnend mit der längsten Nacht, wurden magische Rituale abgehalten, Feuer angezündet, Gebete gesprochen und Opfergaben aus grünen Blättern dargebracht, bis die Nächte langsam wieder kürzer wurden. Dann feierte man das große Fest der Wiederkehr des Lichts, ursprünglich als Geburtstag des Mithras, eines persischen Sonnengottes, und jetzt als den von Jesus; beide wurden in einer einfachen Höhle geboren. Zur Erinnerung an jene Heiden, die die Wiederkehr der Sonne erwarteten und deren Tage von Nacht zu Nacht gerechnet wurden, werden die Christmetten um Mitternacht gefeiert und nicht am Weihnachtsmorgen.

Es war immer eine Zeit, um sich zu treffen, zu feiern und kleine Geschenke auszutauschen. Viele Dekorationen und charakteristische Gestalten der Julezeit haben sehr alte Wurzeln in der keltischen oder nordischen Tradition. Die Stechpalme war dem Gott des Grünen heilig, und der weißblütige Efeu war der Göttin geweiht, deren Priesterinnen nur so viel von seinen giftigen Blättern kauten, daß sie zu ihren inspirierten Orakeln wurden. Der magische Mistelzweig war, wenn er auf einer Eiche wuchs, für die Druiden ein großes Zeichen von Heilung und Offenbarung. Bis zum heutigen Tag lassen ihn nur wenige Kirchen – außer York Minster – in ihren Weihnachtsgirlanden zu. Mistelzweige werden immer noch als kraftvolle Kräuterdroge verwendet.

Zwölf Tage lang schwelte das Juleholz im Herd, die mächtige Wurzel einer Eiche, wo keine Eichen wuchsen, brannten die leichteren Eschen-Reisigbündel. Zwölf Tage lang wuchs das Kind des Versprechens, wobei ein Tag für ein Jahr steht. Das war die Zeitspanne, die vergehen mußte, bis das Kind die Zeichen des Erwachsenseins anzunehmen begann, seinen richtigen Namen, seinen Bogen, Speer und Schwert, das geheime Wissen seines Volkes, und aufwuchs, um zum jungen Gott zu werden, der sein Volk durch den Lebenszyklus des nächsten Jahres führte. An seinen Weggang erinnern wir uns zum Fest der Epiphanie, das nach der modernen Zeitrechnung am 6. Januar gefeiert wird, als die Heiligen Drei Könige, die Astrologen-Priester, die dem Stern gefolgt waren, das Christuskind in dem einfachen Stall vorfanden und ihm Gold, Weihrauch und Myrrhe als Geschenke darboten – Gold für die Herrschaft auf Erden, Weihrauch, um die Priesterrolle zu ehren, und Myrrhe, deren bitterer Rauch die Geister herbeibeschwört, um an das künftige Opfer zu erinnern.

Dieses sehr wichtige Datum im heidnischen Jahr wird von modernen Hexen leider meist übergangen. Für den

Magier sollte Epiphanie ein Tag sein, an dem er sich seiner Verpflichtung erinnert, an dem er zurückblickt, Dinge, die nicht mehr gebraucht werden, wegwirft und sich von der Göttin über den nächsten Schritt der inneren Arbeit belehren läßt. Imaginieren Sie, vielleicht in einer Pfadarbeit, daß drei weise Männer zu Ihnen kommen, Ihnen Rat erteilen, Sie lehren oder Ihnen Wissen vermitteln. Oder Sie stehen zu Füßen der Göttin, ein magisches Kind, und sie weiht Sie in die Geheimnisse Ihres Erbes ein und gibt Ihnen die Schlüssel zur Weisheit Ihrer Ahnen.

Das letzte in der Abfolge der traditionellen Feste ist Lichtmeß, St. Birgid oder Imbolc, Anfang Februar, wenn die ersten Blumen, normalerweise Schneeglöckchen, zum Vorschein kommen. Das war die Zeit, in der die Göttin Wünsche erfüllte und die Frauen des Hauses eine Stelle neben dem Herd mit hellen Tüchern, frühen Blumen und Grünzeug schmückten, die in allen alten Häusern den Hausaltar darstellte. Sie behandelten die unsichtbare Göttin als Gast, buken einen besonderen Kuchen und kredenzten einen besonderen Wein oder möglicherweise auch Schafsmilch, da der keltische Name für das Fest Oimelc ist, was Schafsmilch bedeutet. (Schafsmilch wurde getrunken und zu Käse verarbeitet und war ebenso wertvoll wie das Fell oder Fleisch der Tiere.) Zunächst trafen sich nur die Frauen, erst dann wurden die Männer eingelassen und konnten um Hilfe in praktischen Dingen für das ganze Jahr bitten.

Der Zyklus dieser alten Feste ist heute weitgehend starr, da sie stark an den Kalender angegliedert wurden. Es gibt jedoch nur ein Kriterium für die Festlegung, und das ist der Eintritt der Sonne in ein Tierkreiszeichen, besonders zu den Sonnenwenden und Äquinoktien. Der jeweils genaue Zeitpunkt kann den laufenden Ephemeriden entnommen werden. Den Zeitpunkt für die restlichen Feste legt Mutter Natur selbst fest. Es gibt einen Grund zum Feiern, wenn

Sie die ersten Schneeglöckchen in Ihrem Garten sehen; wenn die Maiblüten die Hecken weiß färben, ist es Zeit für das Hochzeitsfest der Göttin. Wenn das erste Korn geschnitten ist, seine Körner zu Mehl gemahlen sind und der erste Laib Brot gebacken wird, können Sie Lammas feiern. Halloween ist die Nacht nach dem ersten Frost, der das Gras weiß färbt und klar andeutet, daß der Sommer zu Ende ist, daher lautet der keltische Name dieses Festes Samhain (ausgesprochen sau-in).

Sie werden über das Jahr hinweg mehr Daten hinzufügen können und sich einen individuellen Zyklus der Feiern, Gedenktage, Jahrestage, Geburtstage, Hochzeiten und Sterbetage aufbauen. Sie können Ihre magische Aufmerksamkeit auf jeden Neumond und Vollmond lenken und die Göttin in ihrem dreifachen Aspekt verehren, um die übersinnlichen Kräfte zu wecken und die inneren Tore zu Inspiration und Imagination zu öffnen. Vielleicht arbeiten Sie auch nur mit den esoterischen Gezeiten der Reinigung nach Jule, des Wachsens bis zur Sommersonnenwende, des Erntens zum Herbstäquinoktium und der Ruhe im Winter. Obwohl die meisten Menschen sich der universalen Kräfte, die ihr Leben bestimmen, nicht bewußt sind, so prägen sie doch das Muster der Alltagsereignisse. Zu bestimmten Zeiten des Jahres, besonders im Januar und August, scheint man viel vom Sterben zu hören; zu anderen Zeiten gibt es mehr Geburten und glückliche Ereignisse. Wenn Sie den magischen Weg betreten, ob willig oder nicht, werden jene Gezeiten auch Ihr Leben bestimmen.

Tag und Nacht

Der andere, kürzere und viel offensichtlichere Zyklus, der wiederum für jeden ernsthaften Magier von Bedeutung ist, ist der von Tag und Nacht. Wenn Sie Ihr Weg in eine der Schulen oder Logen Hoher Magie führt, werden Sie sich einer strikten und wahrscheinlich lebenslangen Disziplin täglicher Begrüßungs- und Erkennungszeremonien unterwerfen müssen. Das ist ein Zyklus von Augenblicken stiller Meditationen bei Sonnenaufgang oder wenn Sie aufwachen, am Mittag, wenn die Sonne am höchsten steht, was um 12.00 oder 13.00 Uhr sein kann (je nach der lokalen Zeit), und entweder zu Sonnenuntergang oder bevor Sie zu Bett gehen. Das gibt Ihrem Bewußtsein ein natürliches Muster und spiegelt Ihre Beziehung mit dem Licht wider, das von der aufgehenden, hochstehenden und untergehenden Sonne symbolisiert wird. Wenn Sie wach sind, können Sie um Mitternacht einen Gruß an die Göttin einschieben, deren Sternenmantel die Welt einhüllt, bevor der Schlaf Sie zu Träumen und Visionen inspiriert.

Das Gebet zur Morgendämmerung könnte der Bitte um Stärke für den Tag oder um jede Art von praktischer Hilfe gewidmet sein. Zu Mittag ist es gewöhnlich ein kurzes Anerkennen der Stunde, ein Augenblick eingestimmten Bewußtseins, wenn Sie sich zum Essen hinsetzen, ein Moment der mentalen Widmung an die Arbeit und an alle jene, die auf den inneren Pfaden wandeln. Zur Abenddämmerung oder wenn Sie zu Bett gehen, sollte es eine längere Meditation sein, in der Sie Ihre täglichen Aufgaben überdenken, mental all jene Dinge abschließen, die Sie nicht gemacht haben, und Ihren Geist auf den Schlaf vorbereiten. Die Disziplin erfordert oft eine fortlaufende symbolische Meditation, zumindest einmal am Tag, über ein Thema oder Bild, das mit der Arbeit oder Ausbildung des Studenten zu tun hat.

Novizen, die allein arbeiten, sollten eine ähnliche Selbstdisziplin üben, denn die Regelmäßigkeit der Meditation und Einstimmung hilft tatsächlich, diese Fertigkeiten zu entwickeln und unter bewußte Kontrolle zu bringen. Die konzentrierten Augenblicke mentaler Anstrengung geben Ihnen zusätzlich ein sehr genaues Zeitbewußtsein; Sie werden feststellen, daß Sie keine Digitaluhr brauchen, um die Mittagsstunde zu bestimmen, und Sie werden auch die Zeiten für Vollmond und Neumond erkennen, wenn Sie mit den sich ändernden Gezeiten arbeiten. Lassen Sie diese Wahrnehmung wachsen, so daß Sie intuitiv den richtigen Augenblick erkennen, wann Sie ein Ritual beginnen und wann Sie es beenden sollen. Es mag weithergeholt klingen, aber wir alle haben ein erstaunlich genaues, inneres Bewußtsein vom Verstreichen der Zeit. Experimente mit hypnotisierten Versuchspersonen haben gezeigt, daß ein posthypnotischer Befehl, in so und so vielen Minuten, Stunden oder sogar Tagen eine Handlung auszuführen, von den Versuchspersonen exakt auf die Minute befolgt wird. Ein Magier bringt diese Fähigkeit unter seine bewußte Kontrolle; er kann zu jeder Zeit ohne Wecker aufwachen, die Morgendämmerung eines besonderen Tages begrüßen oder einen seltenen, nächtlichen Ritus durchführen.

Priester der Riten

Eine der Funktionen des Magiers ist die des Priesters. Das ist eine ziemlich seltene Berufung, und doch werden viele in den Hexenkult Eingeweihte, im Ritual Priester oder Priesterin genannt. Priesterschaft ist ein Teil der Arbeit mit den inneren Reichen, mit den Kräften der Götter und Göttinnen als Teilaspekt des Schöpfers, der selten diskutiert wird und doch ein wichtiger Teil unseres geheimen

Erbes ist. Priester, Schamane oder Führer in den inneren Reichen zu sein, ist eine Aufgabe, die im New Age viel wichtiger werden wird, wenn neue religiöse und spirituelle Impulse viele Menschen beeinflussen werden. Carl G. Jung war überzeugt, daß eines der Urbedürfnisse der Menschheit das der Verehrung und religiösen Verpflichtung ist. Wir haben vielleicht viele unserer weltlichen Wünsche erfüllt, die nach einem Heim, einem Partner und einer gesicherten Existenz, aber der Geist ist hungrig, und das technologische zwanzigste Jahrhundert kann die Seele nicht sättigen.

Es ist unwahrscheinlich, daß ein neuer Messias erscheinen wird, viel wahrscheinlicher ist es, daß jedes erwachte Individuum das Licht in sich erkennen wird und die heiligen Kräfte von Leben, Liebe und Heilung, die angezapft und geteilt werden können. Als Jesus seine Heilungen durchführte, sagte er: »Diese Dinge und größere als sie wirst du tun ...« Wir haben es geschafft, seine Lehren zu überhören, aber das Bewußtsein, daß die Kraft des Schöpfers in uns selbst liegt, kann sehr wohl ein Geschenk des New Age an die Zukunft sein. Wir alle haben immense Talente, die wir nicht nutzen; wir haben Fertigkeiten, Geschicklichkeiten und übersinnliche Kräfte, die zum Großteil brachliegen. Nur wenige gehen den Weg der Magie, und jene, die nach spirituellem Bewußtsein streben, finden keineswegs immer die richtige Hilfe um ihr individuelles Potential voll ausschöpfen zu können. Die Suche nach spiritueller Erfüllung ist für viele clevere Geschäftemacher eine Marktlücke wie jede andere auch, und es wird immer »Gurus«, »Schulen« oder Hilfsmittel wie Videokassetten oder Bücher geben, die Erlösung oder sofortige Erleuchtung »garantieren«. Leider ist vieles, was auf dem »spirituellen Supermarkt« angeboten wird, für die verzweifelt nach Führung Suchenden völlig wertlos, denn spirituelles Erwachen muß von innen kommen und wie ein

Samen, der in der dunklen Erde wächst, sanft und sorgsam behandelt werden.

Die magische Welt konnte der Ausbeutung nicht entgehen, denn auf allen Ebenen gibt es skrupellose Menschen, deren oberstes Ziel im Leben schnelles Geld ist, gleichgültig, wer dadurch Schaden erleidet. Auf einer Ebene sind es die Händler, die »Wunderheilkuren« und »erstaunliche, magische Talismane« verkaufen, auf einer anderen wird für extrem teure Lehrkurse geworben, die den Studenten erniedrigen, ihm Angst einflößen und ihn verstören. Wir brauchen eine neue magische Strömung, um dieser finsteren entgegenzuwirken, die unsere heiligen Künste und Schöpfungen verfälscht.

Alle, die Magie ernst nehmen, laden eine alte und schwere Last der Verantwortung auf ihre Schultern. Jede magische Handlung bewirkt eine gleichläufige und eine entgegengesetzte Reaktion. Wenn Sie sich etwas wünschen und es bekommen, muß es von jemand anderem kommen. In der ethisch einwandfreien Arbeit muß dieses Ding von seinem vorherigen Eigentümer freiwillig aufgegeben worden sein. Es darf nicht gestohlen oder erzwungen werden, aber es kann zu einem angemessenen Preis erstanden werden. Für jede Handlung die zu einem bestimmten Zweck durchgeführt wird, muß auch Verantwortung übernommen werden. Wenn Sie heilen, sollten Sie sich bewußt machen, in welche Art von Leben die geheilte Person zurückkehrt. Hat sie gelernt, was ihr die Krankheit in Hinblick auf Geduld, Fürsorge und Wertschätzung des eigenen Wohlergehens sagen sollte? Wenn Sie Menschen in einem heidnischen Hochzeitsritus zusammenbringen und sie aneinander binden, wie klar können Sie ihre gemeinsame Zukunft sehen? Ein Jahr lang? Ein Leben lang oder für immer? Einige heidnische Priester verpflichten Menschen einander für die Ewigkeit – ein dummes und kurzsichtiges Versprechen.

Im New Age wird der Priester eine sehr alte Rolle übernehmen müssen, nicht nur als jemand, der zwischen dem Volk und seinen Göttern steht, der Botschaften in die eine und Gebete in die andere Richtung übermittelt, sondern auch als jemand, der die Künste echter und spiritueller Heilung, weisen Ratgebens und praktischen Vergebens beherrscht, im Einklang mit den Gesetzen des Karma, in denen das, was falsch gemacht wurde, von der gleichen Hand richtiggestellt werden muß, in diesem Leben oder in einem anderen. Die Priesterin muß zeigen, daß jedes Vergeben im Herzen beginnt und daß nur Liebe und Sorge für das Selbst die Absolution erteilen können. Die neue Priesterschaft wird lernen müssen, ihre Herde sanft durch die Tore der Bewußtheit zu geleiten. Indem sie die Suchenden auf inneren Reisen zum Herzen des Mythos oder zur Seele des Hörenden führen, werden die Weisen jedes Individuum an den Ort persönlichen Segens, spiritueller Reinigung und inneren Friedens. Sie werden lehren, daß ein Leben mehrere Inkarnationen umfaßt, und jenen, die zur Reise bereit sind, die andere Seite des Todes zeigen, indem sie sowohl Erfahrungen aus vergangenen Leben zugänglich machen als auch den künftigen Übergang in das jenseitige Leben erleichtern. Das ist keine leichte und einfache Aufgabe, denn Menschen, die nie den inneren Weg beschritten haben, werden solche Theorien vielleicht als gefährlich ansehen, unchristlich oder unakzeptabel. Es darf weder einen Zwang geben, noch sollte jemand dazu verleitet werden, langgehegte Glaubensstrukturen in religiösen oder spirituellen Angelegenheiten aufzugeben.

Vielleicht wird es eines Tages möglich sein, heilige Stätten einzurichten, an denen Hochzeiten feierlich vollzogen, Kinder getauft und gesegnet werden und den Dahingeschiedenen bis zum nächsten Leben Lebewohl gesagt wird. Zur Zeit führen viele Coven innerhalb ihrer eigenen Traditionen solche Rituale durch: heidnische Hochzeiten, heidnische Taufen von Kleinkindern, feierliche Initiationen von Erwachsenen und Abschiedsfeiern für die Verstorbenen. Viele der neueren Bücher über Rituale für moderne Hexen enthalten Texte für solche Zeremonien, aber sie passen am besten für den Coven, für den sie geschrieben wurden. Wenn Sie meinen, daß Priesterschaft Ihnen entspricht, können Sie darangehen, Rituale für diese und andere Gelegenheiten zu entwerfen.

Religion muß eine personliche Sache sein. Sie werden hart an Ihren individuellen Glaubenssätzen arbeiten müssen, an Ihren Erfahrungen und Ihrer Philosophie, bevor Sie sie diskutieren oder mit anderen teilen können. Zwar ist der Glaube an einen großen Schöpfers ein wesentlicher Aspekt der magischen Realität, die Form, die dieser Schöpfer in der Vorstellung annimmt, oder die Art, wie er/sie/es angesprochen wird, kann jedoch sehr stark variieren. Es ist möglich, viele Götter und Göttinnen eines traditionellen oder persönlichen Pantheons anzuerkennen und eine Reihe von Festen zu ihren Ehren zu feiern, aber solche Feiern müssen ernstgenommen werden und vom Herzen kommen und dürfen nicht nur rein automatisch durchgeführt werden, um mit einer religiösen Sekte, gleichgültig ob sie orthodox oder heidnisch ist, Schritt zu halten. Sie werden viel Zeit in individueller Kommunion mit Ihren Gottheiten verbringen müssen, in Gebet, Meditation, in Fasten und Wachen, wenn es in Ihr Schema paßt, und sollten nicht nur ein Lippenbekenntnis zum Credo anderer ablegen. Esoterische Arbeit gründet auf profundem Wissen, praktischer Erfahrung und persönlicher Offenbarung, nicht auf wiedergekäuten Glaubenssätzen, die Ihnen von außen aufgezwungen wurden.

Bevor Sie sich Zweiflern und herausfordernden Freunden stellen, werden Sie sich genau mit dem ganzen Konzept der unsichtbaren Realitäten befassen müssen, in die die Samen praktischer esoterischer Arbeit gesät werden.

Sie werden immer und immer wieder gefragt werden: »Was glaubst du?«, »Wie kannst du akzeptieren, daß magische Zauber im zwanzigsten Jahrhundert funktionieren?«, »Was verstehst du unter Göttern und Göttinnen, Gott ist tot oder hat nie gelebt...« Auf jede dieser Fragen werden Sie eine passende und wohlüberlegte Antwort geben müssen.

Wir brauchen keinen Beweis für die Schwerkraft, wir brauchen keinen Beweis für die Evolution der Spezies, wir brauchen keinen Beweis für die sich ständig ändernden Jahreszeiten, aber wir müssen, vielleicht um uns selbst zufriedenzustellen, das Konzept eines Schöpfers verstehen, der sich immer noch um das physische Universum sorgt. Wir müssen sehen können, daß das gesamte Universum miteinander verbunden ist. Wir sind aus demselben Stoff wie die Sterne, wir sind Teil der Erde, der Bäume, der Tiere, der Felsen und Mineralien und all der Lebensformen, die zu klein oder zu flüchtig sind, um bemerkt zu werden. Aufgrund dieser gemeinsamen Verbindungen kann unsere Magie funktionieren; die Veränderungen oder Evolutionen, die wir geschehen machen wollen, werden zu realen, physischen Prozessen, weil auch wir uns weiterentwickeln.

Die Funktion eines Priesters gehört mehr zu den öffentlichen Aspekten der esoterischen Arbeit und deshalb ist der Weg des Priesters keiner, den viele gehen wollen. Sehr viel sicherer und bequemer ist es, ein einfaches Mitglied einer esoterischen Gesellschaft, Schule oder Loge oder eines Hexencovens zu sein. Diese Gruppen bieten sehr gute Gelegenheiten zum Lernen, zur gemeinsamen Durchführen von Ritualen und Feiern und zum Erlangen von Vertrauen in die eigene Magie. Wenn Sie von Menschen, die den von Ihnen gewählten Pfad schon vor Ihnen betreten haben, persönliche Anleitung erhalten und sich in Gesellschaft von anderen befinden, mit denen Sie vielleicht in

Wettbewerb treten müssen und an denen Sie sich messen können, kann Ihr Fortschritt rasch und einfach scheinen. Das ist jedoch nicht wirklich der Fall, denn der Pfad, den Sie auswählen, muß alleine begangen werden, die Geschwindigkeit, in der Sie fortschreiten, wird von Ihnen abhängen, der Zeitpunkt, zu dem Sie bereit sein werden, Macht zu erkennen und mit ihr umzugehen, kann nicht in Erdentagen oder Monaten gemessen werden, sondern nur auf der Skala der inneren Stunden.

Letztendlich werden Sie selbst Ihr eigener Gefährte sein und sich mit jenen inneren Kräften, alten Göttern und verborgenen Aspekten des Selbst anfreunden müssen, die Sie lehren und heilen und durch das wechselnde Muster der Rituale führen können. Die Feste, die Sie anerkennen wollen, die Gebete, die Sie sprechen, die Bitten oder Danksagungen müssen die sein, die Sie wirklich brauchen.

Übung 10 – Der heilige Zyklus

Zeichnen Sie einen Kreis auf ein möglichst großes Blatt Papier. Teilen Sie ihn in zwölf Teile, die die Monate repräsentieren. Tragen Sie für jeden Monat die Tage ein, die Sie feiern möchten, die heidnischen Feste, Geburtstage, Jahrestage, Todestage und alle anderen Daten, die Ihnen wichtig scheinen. Entnehmen Sie aus den Ephemeriden oder einem guten Kalender vom nächsten Jahr die Daten von Neu- und Vollmonden, die Äquinoktien im März und September und die Sonnenwenden im Dezember und Juni. Andere wichtige Informationen, wie die Eklipsen oder Zeiten von Planeten-Konjunktionen und Kometen, werden Sie in Büchern über Astronomie finden.

Tragen Sie nun in jeden Abschnitt des Kreises Blumen oder Pflanzen ein, Götter oder Göttinnen, Helden oder mythologische Gestalten, die für Sie den Monat repräsentieren. Wenn Sie an Astrologie interessiert sind, markieren Sie den Rand des Kreises mit verschiedenen Farben, um die Elemente hervorzuheben, die jedes Tierkreiszeichen regieren.

Wenn Sie alles, was Sie jetzt wissen, eingetragen haben, machen Sie eine Liste von Themen für die monatliche Meditation oder die Rituale, die Sie durchführen wollen. Die Planeten, die die einzelnen Zeichen des Tierkreises regieren, werden Ihnen Hinweise auf die jedem Monat innewohnende Kraft geben. Planen Sie die jahreszeitlichen Riten im voraus, pflücken Sie wildwachsende Blumen oder Blätter, um Ihren Altar zu schmücken, oder für eine Vase in Ihrem Heim, oder sammeln Sie symbolische Gegenstände, die Ihnen helfen, sich auf Ihre Magie zu konzentrieren. Beginnen Sie, ein Buch der Illumination (Erleuchtung) anzulegen, am besten als großen Ordner mit losen Blättern. Darin können Sie alles notieren, was in Ihren Ritualen ein Rolle gespielt hat: Worte, Handlungen, Symbole, Visionen und so weiter sowie Ergebnisse, die sich eingestellt haben und Schritte inneren Wachstums, die Sie gemacht haben. Dieses Buch und den Kreisplan sollten Sie immer zu Rate ziehen, wenn Sie wissen möchten, an welchem Punkt des jahreszeitlichen Zyklus Sie sich gerade befinden, und wenn Sie sich auf Ergebnisse früherer Arbeiten beziehen wollen.

Die praktische Durchführung von Ritualen

In fortgeschrittenen Ritualen sollte man daher keine riesige Ansammlung von materiellen Gegenständen einsetzen, noch sollte man sich in Dingen, die zur Imagination gehören, auf Technologie verlassen. Mit anderen Worten, wir sollten keine Gegenstände brauchen, um unsere inneren Energien durch Assoziationen zu stimulieren. Fortgeschrittene magische Künste kehren diesen Prozeß um, und die inneren Energien weihen oder versehen die gewählten Gegenstände mit den notwendigen Kräften. Das ist in der Tat ein sehr altes, magisches Konzept, dessen man sich in der praktischen Arbeit stets bewußt sein sollte.

Advanced Magical Arts
R. J. Stewart

Jedes magische Ritual besteht darin, daß viele Fäden des Wissens und der praktischen Künste zu einem Muster der schöpferischen Veränderung verwoben werden, und diese Veränderung führt die Magie ihrer Erfüllung zu. Das ist der Grund, warum die alten Redewendungen »Zaubersprüche flechten«, »Zauber weben« und »Runen binden« noch immer gültig sind. Auf einer für unser Auge nicht sichtbaren Ebene müssen wir imstande sein, das Ritual aufzubauen und dieses Bild während der gesamten Arbeit aufrechtzuerhalten. Auch wenn Sie einen echten Tempel haben, komplett mit Altar, Säulen, Banner und den Wächtern in voller Ausstattung, müssen Sie dennoch diesen inneren Tempel aufbauen. Die folgende Übung wird Sie mit einem passenden inneren Tempel für die meisten westlichen Rituale versorgen, solange Sie Ihre Aufmerksamkeit völlig darauf richten, ihn Stück für Stück zu »sehen«. Später werden Sie lernen, einige dieser Aspekte zu ändern und Ihrer besonderen Arbeit anzupassen.

Übung 11 – Betreten des Tempels

Auf den folgenden Seiten finden Sie die Anleitung für eine innere Reise. Sie sollte nicht einfach gelesen, sondern durchgearbeitet werden. Jeder Aspekt hat eine kraftvolle, innere Bedeutung, deshalb sollten Sie entweder einen Ihrer Gefährten bitten, den Text zu lesen, oder ihn selbst auf Kassette sprechen, wobei Sie nach jedem Satz langsam bis vier zählen sollten. Zu Beginn werden Sie vielleicht eine längere Pause brauchen, bis Ihre Konzentration ausreicht, um jeden wichtigen Teil der Szene sehen, hören, riechen, berühren und schmecken zu können. Das ist wichtig. Wenn Sie nicht fähig sind, diese inneren Reiche wahrzunehmen, werden Sie keine Kontrolle über Ihre Magie oder Ihre Träume haben.

Lernen Sie ganz allmählich, sich zuerst mit geschlossenen Augen zu entspannen und dann die Innenschau zu wecken, mit deren Hilfe Sie wahrnehmen können, was beschrieben wird – und das ist eine reale Landschaft mit Gebäuden. Wenn Sie nicht alles auf einmal schaffen, sollten Sie die ersten paar Male darauf abzielen, die Reise zu »sehen« und dann die Ankunft vor dem Gebäude. Dann fügen Sie das Eintreten hinzu und schließlich die gesamte Szene, indem Sie jedes Detail in Erinnerung behalten. Danach kehren Sie sanft in den normalen Wachzustand zurück und lassen so viel von der Reise Revue passieren, wie Sie geschafft haben. Wenn Sie in der glücklichen Lage sind, einige Gefährten zu haben, die mit Ihnen die Ausbildung teilen, dann wechseln Sie sich beim Vorlesen der Reihe nach ab, oder lernen Sie jeder einen Teil davon auswendig, so daß Sie den Text aufteilen können. Wenn Sie gleichzeitig

Ihren Gefährten gestatten, Details hinzuzufügen, deren sie sich bewußt werden, wird das die Erfahrung für Sie alle vertiefen. Natürlich kann in einer Gruppe auch eine Kassette verwendet werden.

Vorbereitung

Finden Sie einen Ort, an dem Sie mindestens eine halbe Stunde lang nicht gestört werden, schalten Sie das Telefon ab, zünden Sie eine Kerze an und etwas Weihrauch, wenn Sie möchten. Legen Sie sich Papier und Bleistift zurecht, damit Sie anschließend alle Ideen oder Bilder, die Ihnen in den Sinn gekommen sind, aufzeichnen können, und bereiten Sie ein Getränk und einen kleinen Imbiß vor, um sich am Ende der inneren Reise wieder zu erden. Setzen Sie sich mit geschlossenen Augen in einen bequemen, aufrechten Stuhl, entspannen Sie sich und machen Sie mindestens zehn tiefe und langsame Atemzüge. Lassen Sie die Ablenkungen aus Ihrem Alltagsleben langsam aus Ihrem Bewußtsein gleiten. Verharren Sie in völliger Stille, gleichgültig aus welchem Grund Sie sich bewegen wollen. Entspannen Sie sich noch mehr. Es ist wichtig, daß Sie sich ganz an das Abenteuer gewöhnen und völlig entspannt, aber sehr wach bleiben. Nun beginnen Sie die Kassette zu spielen, oder wenn Sie den Text lesen, beginnen Sie sehr langsam. (Vergessen Sie nicht, nach jedem Satz bis vier zu zählen.)

Die Reise

Sie begeben sich auf eine innere Reise zum Tempel der westlichen Tradition. Zu Beginn befinden Sie sich auf einem engen, verschlungenen Pfad, der auf einen grasbewachsenen Hügel führt. Zu beiden Seiten des Pfades wachsen viele Blumen im hohen Gras, und Sie können den Wind wispern hören. Vielleicht riechen Sie die Blumen und einen Hauch von frisch gemähtem Heu. Es ist ein warmer, sonniger Nachmittag, und Sie freuen sich darauf, den Tempel zu besuchen, in dem Ihre Magie Wirklichkeit werden kann.

Der Pfad windet sich durch die sanften, grasbewachsenen Hügel, bis Sie in der Ferne eine Ansammlung von niedrigen Steinbauten sehen können. Sie sind von Bäumen und einem Garten umgeben, den eine ordentlich zugeschnittene Hecke von den Wiesen mit den wildwachsenden Blumen trennt. Der Pfad wird vor dem Tor zur Einfriedung immer ebener, und eine Gestalt, die in einen hellgrauen Umhang gekleidet ist, tritt Ihnen entgegen. Sie können ihr Gesicht nicht sehen, weil es unter einer tiefen Kapuze verborgen ist. Die Stimme, die Sie willkommen heißt, ist warm und leise und fordert Sie auf zu folgen. Zuerst werden Sie durch die Gärten geführt, einige sind ganz hell und voller Sommerblumen, andere grün und aromatisch voller Kräuter. Obstbäume gibt es im Überfluß, sie stehen entweder einzeln da oder reihen sich entlang der Wände aus hellgoldenem Stein, die die Gebäude umgeben, aneinander. Alle Bäume stehen in voller Sommerpracht da, und jeder Zweig trägt sattgrüne Blätter und reife Früchte.

Ihr Führer geht immer an Ihrer Seite und weist auf die unterschiedlichen Pflanzen hin, er macht Sie auf ihre Verwendung als Nahrung oder in der Medizin aufmerksam, erklärt, daß sie beim Öffnen des Dritten Auges helfen, oder süß duftende Räucherungen ergeben.

Vor sich sehen Sie jetzt ein Gebäude aus blassem, honiggoldenem Stein, mit einem Torbogen, der sich über einer niedrigen Treppenflucht erhebt. Ihr Führer zeigt auf das verschlossene Tor aus großen Eichenbrettern mit bronzenen Beschlägen. Von hier an müssen Sie allein weitergehen. Sie schreiten die breiten, niedrigen Stufen hoch, nehmen den bronzenen Türklopfer, der die Form eines keltischen Kreuzes hat, in die Hand und lassen ihn auf die Tür fallen. Sie hören das leise Echo im Gebäude. Langsam, wie von unsichtbaren Händen geöffnet, schwingt die Tür auf. Innen ist es sehr dunkel. Es gibt einen Weg, der in das Gebäude führt, und wo das Licht hinfällt, sehen Sie, daß der Boden mit schwarzen und weißen Steinplatten belegt ist, die ein Schachbrettmuster bilden. Sie treten ein und fühlen, daß die Luft kühler ist als außen. Ihre Augen gewöhnen sich allmählich an die Dunkelheit, und Sie riechen süßen Weihrauch, alten Stein und Heiligkeit.

Allein gehen Sie langsam den Gang entlang. Vor sich können Sie ein kleines Licht ausmachen. Auf beiden Seiten kommen Sie an Türen vorbei. Die meisten sind verschlossen, aber eine öffnet sich zu einem Raum, in dem Sie viele Bücherregale sehen, die bis unter die niedrige Decke reichen. Der Geruch von altem Papier, Spinnweben und Ledereinbänden dringt in Ihre Nase. Sie gehen weiter, dem winzigen Lichtfunken entgegen, aber Sie werden von einem dünnen Vorhang aus dunkelblauem Material aufgehalten, durch den das Licht schimmert. Sie wissen, daß Sie dieses zarte Hindernis überwinden müssen, aber Sie brauchen einen Augenblick, um Mut zu sammeln. Leise bitten Sie um Erlaubnis, den heiligen Ort betreten zu dürfen. Sie heben ein Stück des Vorhangs hoch und gehen durch.

Vor Ihnen öffnet sich ein großer, quadratischer Steinraum. Er ist schwach beleuchtet und scheint keine Fenster zu haben. Sie blicken zu Boden und sehen, daß er nicht ganz schwarz ist, sondern daß kleine, silberne Punkte, die Sterne in den vertrauten Konstellationen darstellen, um den zentralen Altar herum den Boden bedecken.

Sie sind der einzige Besucher. Es ist sehr still, und doch scheinen Töne die Luft zu erfüllen, als sänge ein Chor in einem anderen Teil des Gebäudes ein Lied ohne Worte. Die dichten und duftenden Wolken, die aus den Weihrauchbehältern kommen, verdunkeln den ohnehin düsteren Raum noch mehr. Sie sehen sich um und nehmen wahr, daß dieser magische Tempel einen quadratischen Grundriß hat und von kahlen, hellen Steinwänden begrenzt wird. Die Decke krümmt sich zu einer natürlichen Kuppel und ist schwarz oder dunkelblau. Die Sterne darauf spiegeln die am Boden wider und sie funkeln.

Die Tür, durch die Sie eintreten, befindet sich nicht in der Mitte der Wand, sondern ist seitlich leicht versetzt. Gleich daneben sehen Sie einen niedrigen Tisch, der mit einem dunkelgrünen Tuch bedeckt ist. Auf dem Tisch liegt ein großer, weißer Kristall.

Sie wenden sich nach links und schreiten einen Viertelkreis ab, indem Sie einer blassen Spur aus Sternen am Boden folgen. Hier finden Sie einen weiteren Tisch, der mit einem goldenen Tuch bedeckt ist. Darauf steht ein poliertes Weihrauchgefäß aus Bronze, in dessen Mitte Holzkohle glüht, und würziger Weihrauch steigt empor. Sie sehen auch einen Stab aus Holz, mit ineinanderverschlungenen Schlangen darauf, eine hell, eine dunkel, die so echt aussehen, daß Sie es nicht wagen, sie zu berühren. Im rauchigen Licht glitzern ihre Augen hell.

Dann setzen Sie Ihre Reise langsam um einen weiteren Viertelkreis fort, bis Sie zu einem dritten Tisch kommen, der mit einem scharlachroten Tuch bedeckt ist. Darauf steht eine prächtige, bronzene Öllampe, deren Flammen ruhig und golden emporflackern. Im Licht der Flammen schimmern die Reflektionen einer langen silbernen Dolchklinge auf dem roten Tuch. Das Heft des Dolches ist aus zwei Drachen geformt, die nach außen blicken und deren Schwänze sich um den Knauf winden. Der Griff ist aus rotem Leder, das durch häufigen Gebrauch weich geworden ist, und endet in einer Kristallkugel, die in ein Silbernetz eingefaßt ist. Einige Augenblicke lang stehen Sie wie verzaubert da. Ihr Atem läßt die Flamme aufflackern, und die Einzelheiten des Schwertes bewegen sich und glänzen.

Dann gehen Sie weiter und folgen dem Sternenpfad unter Ihren Füßen bis zur nächsten Himmelsrichtung, in

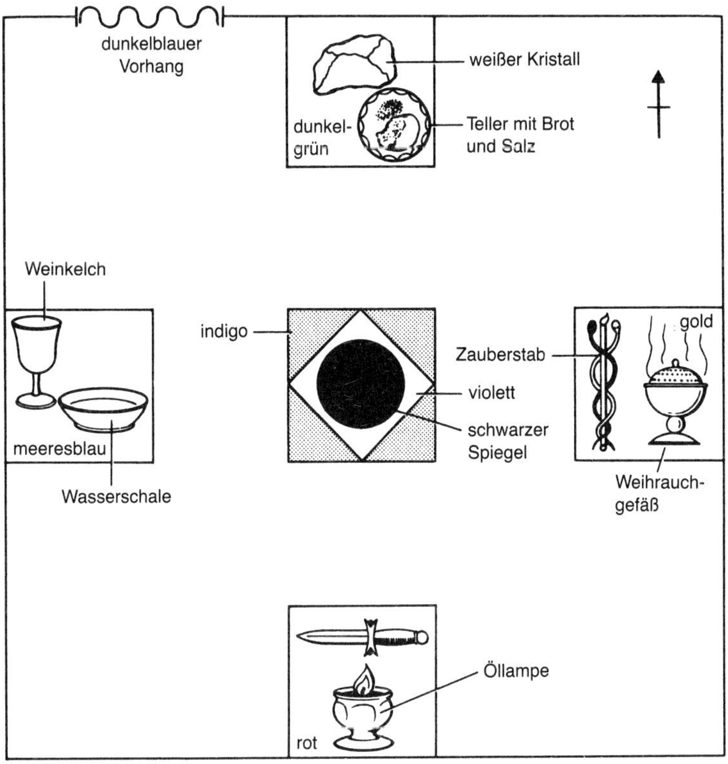
dunkelblauer
Vorhang
weißer Kristall
dunkel-
grün
Teller mit Brot
und Salz
Weinkelch
meeresblau
Wasserschale
indigo
violett
schwarzer
Spiegel
Zauberstab
gold
Weihrauch-
gefäß
Öllampe
rot

Der Tempel

der sich ein Tisch mit einem meeresblauen Tuch befindet. Darauf steht eine große Kristallschale, die mit klarem Wasser gefüllt ist. Die tanzenden Flammen der Lampen spiegeln sich darin. Daneben steht ein wunderschöner Silberkessel, der mit dunkelrotem Wein gefüllt ist. Sie erkennen die verflochtenen, keltischen Muster und die Intarsien aus Gold und kostbaren Steinen, mit denen er geschmückt ist. Sie spüren die Heiligkeit dieses Kelches, und in Ihnen steigt etwas hoch, das Ihr Herz mit Emotionen füllt und Ihre Augen mit Tränen.

Sie beherrschen Ihre Gefühle und gehen einen Viertelkreis weiter, zurück zu dem grünbedeckten Tisch. Nun bemerken Sie, daß neben dem eigenartigen Quarzstein ein einfacher Holzteller steht, der mit geschnitzten Blättern und Blumen verziert ist. Darauf liegt ein Stück Brot und etwas Salz. Sie fühlen sich stark, ausgeglichen und ruhig.

Sie blicken nun zum Zentrum des Tempels und jetzt, wo sich Ihre Augen an die Dunkelheit gewöhnt haben, sehen Sie deutlich den zentralen Altar. Er ist mit einem indigofarbenen Tuch bedeckt und beinahe leer. Darüber, an bronzenen Ketten, hängt ein klares Glasgefäß mit Öl und einem schwimmenden Docht, die Quelle jenen ersten Lichtes, das Sie zu diesem heiligen Ort geführt hat. Während Sie nähertreten, wird der Klang von entfernten Gesängen lauter, und ein tiefes Gefühl steigt in Ihnen auf.

Sie stehen vor dem Altar, an diesem heiligen und alten Ort, und erkennen darauf ein weiteres Mysterium. Über dem indigofarbenen Tuch liegt ein kleines, veilchenblaues Quadrat und darauf, in der Mitte, ein schimmernder dunkler Kreis. Es könnte ein schwarzer Spiegel sein, es könnte die Widerspiegelung des klaren, mondlosen Nachthimmels sein, die auf magische Weise in das Herz des Tempels herabgestiegen ist. Eine Weile stehen Sie wie versteinert da. Vielleicht haben Sie fast das Gefühl, in die Dunkelheit zu fallen und ein Stern unter Sternen am Firmament zu werden. Legen Sie an dieser Stelle eine kurze Pause ein, um das Gefühl ganz auf sich wirken zu lassen.

Plötzlich streift Ihre Hand gegen das samtene Altartuch, und der Zauber ist gebrochen. Vielleicht hat er einen Augenblick gedauert, vielleicht eine Stunde. Sie haben keine Möglichkeit, das festzustellen. Was Sie in dem dunklen Glas gesehen oder am Nachthimmel erfahren haben, wird in Ihrer Erinnerung bleiben, und Sie können später darüber nachdenken. Jetzt ist es Zeit umzukehren, und während Sie sich dazu entschließen, zeigt ein leises Rascheln des Vorhangs am Tor an, daß Ihr Führer auf Sie wartet. Ehrfürchtig und etwas scheu gehen Sie auf das Tor zu, der Führer mit dem Umhang hebt den Vorhang und läßt ihn hinter Ihnen wieder fallen.

Sie stehen eine Weile im dunklen Korridor und sammeln sich, dann geleitet Sie Ihr Führer zu dem großen Holztor. Er oder sie öffnet es und entläßt Sie in das helle Licht des Nachtmittags. Sie sind geblendet. Sie treten in das Licht hinaus, aber Ihr Führer legt seine Hand auf Ihre Schulter und hält Sie zurück. Er hält Ihnen etwas entgegen; es ist ein Schlüssel, der das mächtige, bronzebeschlagene Tor öffnen kann und Ihnen die Möglichkeit gibt, immer zu diesem Tempel der westlichen Mysterien zurückzukehren. Sie nehmen den Schlüssel, und er scheint mit Ihrer Hand zu verschmelzen. Sie blicken auf, um Ihrem Führer zu danken, aber jetzt sind Sie allein.

Vor Ihnen erstreckt sich der sanft gewundene Pfad zwischen den duftenden Kräutern und blühenden Pflanzen hindurch den grünen Hügeln entgegen. Während Sie sich von den honiggoldenen Gebäuden entfernen, vertiefen sich die Bilder des Gesehenen, die Erfahrungen, die Sie gemacht haben, und die inneren Offenbarungen, an denen Sie für kurze Zeit teilhatten.

Schrittweise kehren Sie in Ihren Körper zurück und atmen tief und ruhig. Lassen Sie sich Zeit, langsam und sanft aufzuwachen und Stück für Stück zu Ihrem vollen Tagesbewußtsein zurückzukehren. Sie sind auf einer langen Reise gewesen und werden Zeit brauchen, um diese Erfahrung zu verarbeiten, Ihre Eindrücke aufzuschreiben und sich wieder auf die Alltagswelt einzustimmen. Und das ist erst der Anfang.

Obwohl Ihnen diese Übung sehr einfach vorkommen mag, wenn Sie den Text nur lesen, wird sich die Macht ihrer Symbolik offenbaren, wenn Sie sie als magisches Ritual durcharbeiten. Jeder Übungsteil erfordert langes Nachdenken und viel Meditation. Wenn Sie keine Möglichkeit haben, einen realen Raum als Tempel einzurichten, wird diese Imagination ihn ersetzen. Gibt es in Ihrem Heim einen heiligen Ort, dann kann dieser innere Tempel dorthin versetzt werden, um Kraft, Gleichgewicht und die Kraft der Elemente in Ihre Arbeit zu bringen.

Die Übung sollte nur einmal täglich gemacht werden, und nicht mehr als drei Tage hintereinander, bis es Ihnen wirklich gelingt, ganz in sie einzutreten und sich wohlzufühlen. Dieser innere Tempel ist ein realer Ort, der vor langer Zeit als Zentrum der westlichen Magie, Ritual und Weisheit gegründet wurde. Jedesmal, wenn sie dorthin zurückkehren, werden Sie neue Gebäudeteile erforschen können, denn abgesehen vom Tempel und der Bücherei, die Sie auf dieser Reise gesehen haben, gibt es Klassenräume und Laboratorien, Gärten und Hallen für magische Rituale und stille Meditation.

Der Aufbau Ihres eigenen Tempels

Studieren Sie anhand des vorangegangenen Textes den Aufbau des inneren Tempels. Jedes Detail gibt Aufschluß über ein altes und mächtiges Mysterium, von den schwarzen und weißen Bodenkacheln bis zu den Altartüchern und den Symbolen der Himmelsrichtungen. Der obigen Beschreibung können Sie auch Anregungen für die Einrichtung Ihres eigenen Arbeitsraums entnehmen, wenn Sie genügend Platz dafür haben. Wenn Sie keine kleinen Tischchen für die Himmelsrichtungen haben, können Sie eine farbige Matte, Kerzenständer und das entsprechende Symbol oder Instrument auch auf den Boden legen.

Es ist gut, einen zentralen Altar zu haben, auf den verschiedene Dinge gestellt werden können. Ideal ist ein doppelter Würfel, der Ihnen etwa bis zur Taille reicht, aber jeder andere runde oder eckige Tisch kann ebensogut verwendet werden. Er sollte eine glatte, starke Oberfläche von etwa 70 Zentimetern Durchmesser oder im Quadrat haben. Wenn Sie Weihrauch verbrennen oder Kerzen anzünden wollen, sollten Sie Fliesen oder Steinplatten dafür bereithalten. Eine Alternative wäre eine Glasplatte über dem Altartuch, so daß verschüttetes Öl, Wasser, Wein oder umgestoßene Flammen keinen Schaden anrichten können.

Wenn Sie Ihren eigenen Kreis öffnen, werden Sie vielleicht die Wächter der Himmelsrichtungen aus einem besonderen System anrufen wollen. Das können die kabbalistischen Engel sein, die Elementekönige, die vier Winde (wie sie die alexandrischen Hexen verwenden) oder jede andere Gruppe von Göttern und Göttinnen oder Symbolgestalten, die Ihre Arbeit schützen und ihr Kraft verleihen können. Wenn Sie die Namen von Gottheiten verwenden, finden Sie bitte genau heraus, was diese Namen bedeuten, und verlassen Sie sich nicht darauf, daß sie stimmen, nur weil Sie sie in einem Buch gelesen haben. Meditieren Sie darüber, und wenn Sie sich danach immer noch nicht sicher sind, verwenden Sie sie nicht. Bitten Sie einfach die Göttin der Erde oder des Wassers oder den Gott des Feuers oder der Luft, zu erscheinen und Ihnen zu helfen.

Sogar diese einfachen Konzepte können in bestimmten Traditionen variiert werden!

Es ist wichtig, sich den Ablauf von Ritualen einzuprägen und Gebete, Invokationen, Gedichte und Musik passend für jede Himmelsrichtung zu sammeln, je nach gewählter Tradition oder persönlicher Vorliebe. Wenn es möglich ist, schreiben Sie die Worte selbst, auch wenn sie nicht besonders poetisch klingen. Üben Sie, laut zu sprechen, auch wenn Sie allein sind, und stellen Sie Ihre Stimme tiefer, um ihr mehr Resonanz zu geben, bis Sie die Kunst des Chantens oder Intonierens von heiligen Worten beherrschen.

In einer Invokation wenden Sie sich an jene erhabenen Kräfte, an die Sie Ihre Bitten richten wollen, als auch an die höchsten Aspekte Ihres inneren Selbst, damit sie in Harmonie arbeiten und Ihre Magie unterstützen. Evokationen neigen dazu, das Gegenteil zu bewirken; sie rufen niedere Energien auf, die schwierig zu kontrollieren sind und dazu führen, daß Ihre eigenen Schutzbarrieren (ein Teil Ihres höheren Selbst) durchlässig werden, was Sie sehr anfällig für unangenehme und verstörende Energien macht, die aufgewirbelt werden wie Schlamm auf dem Grund eines Teiches. Bevor Sie nicht mindestens drei Jahre solider magischer Ausbildung und Arbeit hinter sich haben, sollten Sie nicht mit diesen alten und in jüngerer Zeit eher vernachlässigten Aspekten magischer Arbeit herumspielen.

Eine einfache Zeremonie

Um Ihnen eine Vorstellung von dem zu geben, was Sie in Zukunft oft und gern praktizieren müssen, hier ein Beispiel für eine einfache Zeremonie, die auf der inneren Reise aus Übung 11 basiert.

Tragen Sie die Ausrüstung zusammen, die Sie verwenden wollen, schreiben Sie die Worte auf, die Sie sagen

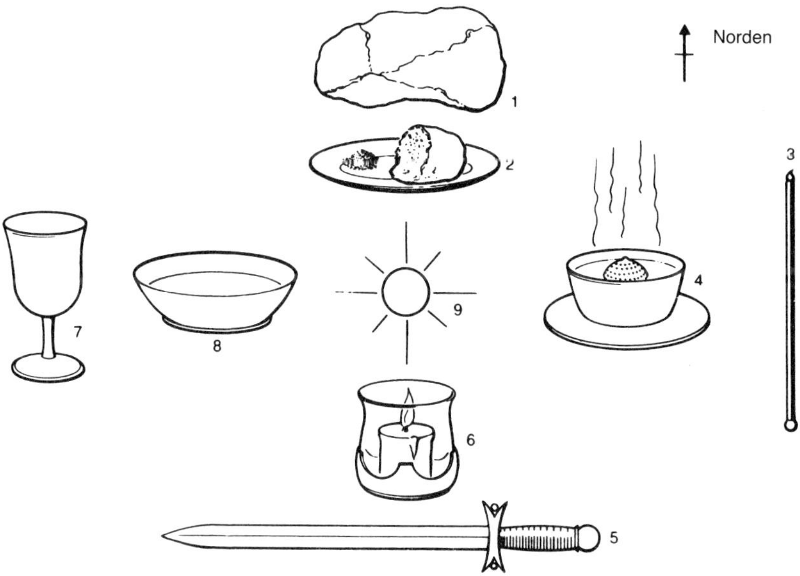

Der Altar
1. Stein 2. Teller mit Brot und Salz 3. Stab 4. Weihrauchgefäß 5. Schwert oder Dolch 6. Nachtlicht oder Lampe 7. Kessel oder Kelch 8. Schale mit Wasser 9. Zentrales Licht (kann an der Decke aufgehängt werden)

wollen, und lernen Sie sie auswendig. Bauen Sie den Altar auf und entspannen Sie sich dann.

Beginnen Sie nun die Reise, indem Sie langsam sprechen und jede Phase imaginieren, die grünen Wiesen, die sanften Pfade, das Gebäude, auf das Sie zugehen. Treten Sie durch das Tor und gehen Sie den Gang entlang, dann weiter bis zu dem Punkt, an dem Sie der Führer verläßt und Sie den heiligen Ort allein betreten. Stehen Sie auf und gehen Sie zur nordwestlichen Position. Drehen Sie sich nach links und grüßen Sie den Norden, indem Sie sich leicht verneigen, dann gehen Sie im Uhrzeigersinn nach Osten. Heben Sie den Stab, während Sie nach Osten sprechen:

Stab der Luft, in des Tages erster Stunde, Bringer des Lichts aus dem Osten, gewähre mir (uns) Kraft!

Legen Sie den Stab am östlichen Rand des Kreises nieder und zünden Sie die erste Kerze in dieser Himmelsrichtung an. Wenn Sie ein Weihrauchgefäß haben oder Räucherstäbchen in einem passenden Behälter, zünden Sie auch diese an. Lassen Sie sich Zeit. Wenn Sie Gefährten haben, sollen sie Arbeit und Worte natürlich mit Ihnen teilen. Sie können den Stab auch einmal um den Kreis herumtragen, wenn Sie wollen.

Dann gehen Sie nach Süden, blicken in diese Richtung, heben Schwert oder Dolch oder Flammensymbol (Lampe und so weiter) hoch und sagen:

Erleuchte mein (unser) Leben, südliche Klinge der Flamme,
Möge die Gefahr zur Mittagsstunde schwinden, wenn ich (wir) deinen Namen nenne(n).

Dann zünden Sie die Kerze an und wenn es eine besondere Lampe gibt auch diese und tragen sie zum Altar im Zentrum (oder Sie zünden die Altarlampe an).

Gehen Sie nach Westen, blicken Sie in diese Richtung und sagen Sie, während Sie den Kelch hochheben:

Fließende Wasser der westlichen See,
Bringt mir (uns) mit eurem Abendkessel Reinheit!

Sie können den Becher rund um den Kreis tragen und mit einem Rosmarinzweig Wasser versprengen. Dann zünden Sie die westliche Kerze an.

Gehen Sie nach Norden, nehmen Sie Teller, Pentakel oder ein anderes Symbol auf und sagen Sie:

Erdpentakel des felsigen Nordens,
Laß die Sterne aus der großen Dunkelheit der Nacht hervortreten.

Tragen Sie das Symbol um den Kreis herum, stellen Sie es im Norden ab und zünden Sie die Kerze an. Dann gehen Sie nach Osten oder noch einmal um den Kreis herum bis nach Osten (wenn Sie es nicht bereits mit jedem Element getan haben, tun Sie es einmal jetzt). Sagen Sie:

Kreiset, mächtige Kräfte, segnet diesen Ort als heiligen Grund,
Und wenn ich (wir) meine (unsere) magische Arbeit beginne(n), erleuchtet und segnet meine (unsere) Kunst und verleihet ihr Kraft!
Auf daß ich (wir) wahre Harmonie erlange(n), wie es mein (unser) Wille ist.
So sei es!

Dann setzten Sie sich einige Augenblicke lang hin und vergewissern sich, daß Kerzen und Weihrauch gut und sicher brennen (zünden Sie sie eventuell neu an). Meditieren Sie eine Weile, sehen Sie jede Himmelsrichtung so vor sich, wie sie in Übung 11 beschrieben wurde, besonders wenn Sie keine Schwerter, Kelche, Stäbe und Pentakel haben und ohne sie oder mit Ersatzgegenständen auskommen müssen, wenn Sie zum Beispiel einen Teller als Pentakel verwenden oder einen gewöhnlichen Stock als Stab und ein Schnitzmesser als Schwert. Diese Ersatzgegenstände tun es genauso, wenn Sie ihnen die Kraft des echten Stükkes geben.

Nennen Sie die Absicht Ihres Rituals und denken Sie kurze Zeit still darüber nach, ob Sie etwas vergessen haben.

Fahren Sie dann mit der Arbeit fort und feiern Sie die Kommunion. Sie werden eine kurze Invokation schreiben müssen, um Brot oder Kekse und Salz zu segnen, wenn Sie diese traditionellen Dinge verwenden wollen, und ebenso für den Becher mit Wein oder Fruchtsaft. Das Brot wird normalerweise dem Gott oder der Sonnenkraft geweiht und der Wein der Göttin oder Mondkraft, aber vielleicht gibt es in der Tradition, in der Sie arbeiten, andere Gebete dafür.

Wenn Sie die gesamte Arbeit beendet und einige weitere Minuten in Stille auf eine Offenbarung oder Erkenntnis gewartet haben, können Sie damit beginnen, das Ritual zu schließen. Zuerst wollen Sie vielleicht ein kurzes Gebet für den Weltfrieden sprechen, für Heilung, Gerechtigkeit oder etwas anderes, wovon Sie glauben, daß es der Erde fehlt. Sie können während des heilenden Gebets an eine besondere Person denken, an ein Tier oder an die Natur, aber es ist wichtig, daß Sie die gesamte Kraft aufbrauchen, die Sie durch diese Bitte für Ziele jenseits Ihrer persönlichen Bedürfnisse beschworen haben. Indem Sie anderen in einem weiteren Zusammenhang helfen, bezahlen Sie für Ihre Magie. Wenn die Erde krank ist oder verstümmelt, dann sind diese Leiden auch Ihr Problem, da Sie aus dem gleichen Stoff gemacht sind, und Sie müssen sich während des Rituals daran erinnern!

Wenn Sie wirklich bereit sind, das Ritual zu schließen und Ihre Gefährten nichts mehr zu sagen oder zu tun haben, stehen Sie auf und spüren, welche Energien noch immer um Sie herum fließen. Wenn Sie sie fühlen können, sagen Sie:

Die Arbeit dieser Stunde ist nun getan,
Durch Erde, Sterne, Mond und Sonne,
Jetzt ist es Zeit sich auszuruhen,
Deshalb laßt uns diesen Kreis sanft schließen.

Gehen Sie nach Norden, heben Sie das Symbol empor und

tragen Sie es, wenn Sie wollen, entgegen dem Uhrzeigersinn um den Kreis zurück nach Norden, während Sie sagen:
Kraft des Nordens, laß Dunkelheit eintreten,
Gewähre mir (uns) das Gefühl der Stabilität.
Löschen Sie die Kerze im Norden mit den Fingern oder mit einem Kerzenlöscher.

Gehen Sie nach Westen und nehmen den Kelch des Wassers auf. Auch er kann entgegen dem Uhrzeigersinn herumgetragen werden; Sie können dabei etwas Wasser versprengen, wenn Sie wollen. Dann sagen Sie:
Kraft des Westens, der fließenden Ozeane,
Gewähre mir (uns) Kontrolle über die flüchtigen Emotionen.
Löschen Sie die Kerze im Westen.

Dann gehen Sie nach Süden, nehmen die Lampe oder das Schwert auf, tragen es gegen den Uhrzeigersinn um den Kreis zurück zum Süden und sagen:
Kraft des Südens, Flamme des Lichts,
Bei Tag und bei Nacht gib mir innere Stärke.
Löschen Sie die Kerze und, wenn Sie eine verwenden, auch die Lampe.

Gehen Sie nach Osten, heben Sie den Stab hoch, tragen Sie ihn gegen den Uhrzeigersinn um den Kreis und sagen Sie:
Kraft des Ostens, mit dem sanften Atem der Winde,
Führe mich (uns) zum Licht durch Leben und Tod.
Löschen Sie die letzte Kerze und wenden Sie sich der Mitte zu. Halten Sie einen Moment lang inne, damit Sie fühlen können, wie der Kraftfluß langsam niedersinkt und und weniger wird und Ihre Wahrnehmung von der Welt sich wieder normalisiert. Dann sagen Sie:
Möge Frieden aus mir (uns) hochsteigen,
Und zu allen Wesen unter den Himmeln fliegen.
So sei es!

Damit ist das Ritual beendet. Vergewissern Sie sich, daß die Altarlampe sicher steht, wenn Sie sie ausbrennen lassen wollen, und daß der Weihrauch abgebrannt ist. Leeren Sie die Brotkrumen, die letzten Tropfen Wein und die Asche vom Weihrauch wenn möglich in den Garten, um das Ritual zu erden. Die Kerzen aus den Himmelsrichtungen können so lange wiederverwendet werden, bis sie abgebrannt sind.

Das wichtigste bei jedem Ritual ist, daß Sie alles langsam tun. Sprechen Sie deutlich, ruhig und langsam, meinen und verstehen Sie jedes einzelne Wort. Wenn Sie die Riten anderer übernehmen, vergewissern Sie sich, daß Sie genau wissen, was sie bedeuten und wofür sie gedacht sind. Absicht ist in der Magie alles!

Übung 12 – Die Weihe der magischen Instrumente

Tragen Sie alle Instrumente zusammen, die Sie in diesem Ritual weihen wollen, und vermerken Sie sie in Ihrem Buch der Erleuchtung. Legen Sie Ihre magische Robe an (außer Sie wollen sie in diesem Ritual weihen). Zünden Sie das Altarlicht an und erklären Sie es für gereinigt und geweiht, um das Licht der Wahrheit, Liebe, Weisheit und Kraft zu repräsentieren.

Stellen Sie sich vor den Altar an die Stelle, die Sie als Osten bezeichnet haben, zünden Sie eine Scheibe Holzkohle an, warten Sie bis sie wirklich heiß ist, und legen Sie sie dann in ein Weihrauchgefäß. Fügen Sie eine Räucherung Ihrer Wahl hinzu, vielleicht eine, die dem Planeten gewidmet ist, der mit dem Ziel Ihres Rituals zu tun hat. (Vielleicht ziehen Sie Räucherstäbchen oder aromatische Öle oder sogar duftende Blumen vor. Was Sie auch verwenden, Sie sollten sich seiner Symbolik bewußt sein.) Tragen Sie den Duft im Uhrzeigersinn um den Kreis und bitten Sie den heiligen Lebensatem in eigenen Worten, den Kreis für Ihren Zweck zu reinigen, zu segnen und zu weihen. Stellen Sie das Weihrauchgefäß schließlich im Osten ab.

Gehen Sie zur Südseite des Altars und zünden Sie die Kerze oder Lampe mit einer kleineren Kerze an, die Sie an der zentralen Flamme entgezündet haben. Löschen Sie die kleine Kerze und tragen Sie dann die Lampe im Uhrzeigersinn um den Kreis. Sagen Sie dabei zum Beispiel: »Möge die Energie dieses heiligen Lichtes diesen Kreis reinigen, segnen und weihen ...« Stellen Sie die Lampe im Süden ab.

Gehen Sie nach Westen, nehmen Sie das Wassergefäß auf und schreiten Sie rund um den Kreis, versprengen Sie dabei ein paar Tropfen in jede Richtung mit Ihren Fingern oder dem Zweig eines passenden Baumes oder Krautes. Sagen Sie: »Mögen die Wasser der Liebe diesen Kreis reinigen, segnen und weihen ...«

Zuletzt gehen Sie nach Norden, nehmen den Stein oder das Pentakel auf, tragen es im Uhrzeigersinn um den Kreis und sagen: »Mögen die mächtigen Kräfte des Gesetzes diesen Kreis reinigen, segnen und weihen – jetzt und für immerdar.«

Kehren Sie zur Ostseite des Altars zurück. Nehmen Sie das neue Instrument, das Sie segnen wollen, in Ihre Hände, wickeln Sie es aus dem sauberen Tuch (in das es eingeschlagen sein sollte) und ziehen Sie es sorgfältig durch den Weihrauch. Bitten Sie das Element der Luft, daß es den Gegenstand reinigt, ihm magisches Leben einhaucht und ihn zu Ihrem Zweck, das heißt seine zuküftige magische Verwendung, weiht. Wiederholen Sie den Vorgang mit Feuer, Wasser und dem Stein. Sie können Salz (kein Meersalz!) als Symbol für Erde über den Gegenstand streuen und rund um den Kreis, wenn Ihnen die Körner auf dem Teppich nichts ausmachen.

Jeder magische Gegenstand, den Sie verwenden wollen, die Tarotkarten, Ihre Robe, Kordel und Sandalen, die Kerzen für das nächste Ritual, alle Teller oder Schalen und sogar das Buch, in dem Sie alle Ihre Arbeiten aufzeichnen, sollte einzeln geweiht und auf diese Weise geheiligt werden.

Es gibt verschiedene Arten, den Kreis zu Beginn einer Arbeit zu weihen. Man kann im Osten mit Luft beginnen, dann zum Süden mit Feuer übergehen, dann zum Westen mit Wasser und schließlich zum Norden mit Erde, wodurch die höchste und subtilste, unsichtbare spirituelle Energie durch immer dichter werdende Elemente absteigen kann. Diese Methode wird für gewöhnlich in Logen von Ritualmagiern verwendet, da der ranghöchste Magier normalerweise im Osten sitzt und die anderen drei Positionen von den Personen eingenommen werden, die am besten mit dem besonderen Element umgehen können. Für Novizen, die allein oder mit anderen Schülern arbeiten, empfiehlt sich eine andere Methode, nämlich mit dem Symbol der Erde im Norden zu beginnen und zum Westen, zum Süden und schließlich zum Osten zu gehen. Jedesmal wird das Symbol aufgenommen und im Uhrzeigersinn um den Altar getragen, so daß Sie am Ende drei ganze Kreise gezogen haben. Beendet wird das Ritual, indem jedes Element gegen den Uhrzeigersinn um den Kreis getragen wird, wodurch die beschworene Energie wieder geht und der Ort zur Normalität zurückkehrt.

Wenn Sie keine Möglichkeit haben, aufwendige Instrumente in Ihrem Raum zu verwenden, werden Sie etwas so Einfaches wie Bildkarten finden müssen, um die Elemente zu repräsentieren. An der Nordwand könnten Sie zum Beispiel das Bild einer Landschaft mit Bäumen und Feldern anbringen; ein Bild vom Meer, von einem See oder einem Fluß oder sogar das eines prachtvollen Kelches paßt in den Westen. Bilder von Freudenfeuern oder Feuerwerken eignen sich für den Süden und ein Sonnenaufgang, Nebel oder Wolken und eine Bergspitze für das Element

Luft im Osten. Diese Karten brauchen nicht zu offensichtlich zu sein, wenn Sie Ihr Interesse nicht mit dem Rest des Haushalts teilen wollen. Versuchen Sie jedoch, offen und ehrlich dazu zu stehen, da Mißtrauen, sogar innerhalb der Familie, Ihre Magie schwächen kann und für eine unangenehme Atmosphäre sorgt, gerade wenn Sie sich eigentlich ruhig und zuversichtlich fühlen sollen. Wenn Sie über solche Probleme meditieren, wird Ihnen eine echte und dauerhafte Lösung einfallen, die es Ihnen ermöglicht, die Menschen in Ihrer Umgebung zu beruhigen und es mit allen praktischen Problemen aufnehmen zu können.

Gefährten auf dem Weg

Langsam wird der lernende Magier erkennen lernen, daß er oder sie allein auf dem Weg ist. Gleichgültig, wie viele gleichgesinnte Schüler in einer magischen Schule sind, gleichgültig, wie eng das Band zwischen Schüler und Lehrer ist, nie kann eine spirituelle Suche einer zweiten gleichen. Wir suchen nach unterschiedlichen Dingen ... oder noch verwirrender, wir suchen nach verschiedenen Antworten auf die gleichen Fragen ...

Magick and the Tarot
Tony Willis

Ideal ist die Ausgangssituation für eine magische Ausbildung dann, wenn Sie Verbindung zu einem rituellen Orden oder Hexencoven aufnehmen können, der sich in Ihrer Nähe trifft und der genau in dem Moment, in dem Sie nach Gefährten zu suchen beginnen, ebenfalls nach neuen Mitgliedern sucht. Sie bewerben sich um Aufnahme und werden mit offenen Armen in einer Gruppe willkommen geheißen, die Ihnen näher stehen wird als Ihre eigenen Blutsverwandten! Das ist das Ideal – in diesem Leben und auf diesem Planeten findet man das selten.

Die echten magischen Orden, die von Leuten mit Erfahrung, Mitgefühl und Kraft geleitet werden, kann man an den Fingern einer Hand abzählen. Ehrenhafte Coven, von denen es sehr viele gibt, sind auch nicht leichter zu finden, besonders von ungeschulten Novizen, die keine Ahnung haben, worauf sie sich einlassen. Die Anzahl von »schwarzmagischen« Gruppen im Rahmen echter Magie ist gleich Null. Dennoch gibt es einige pervertierte und üble Organisationen, die zwar behaupten, magisch zu sein, in Wirklichkeit aber nichts mit echten magischen Gruppen zu tun haben. Seien Sie aus diesem Grund sehr vorsichtig, wenn Sie etwa auf eine Anzeige in einer Zeitung antworten, besonders wenn Sie unter fünfundzwanzig sind oder weiblich oder völlig allein mit Ihren Studien dastehen und keine weise Seele haben, die Sie berät. Wenn Sie irgendwelche Zweifel an einer Gruppe haben, lassen Sie sich nicht darauf ein.

In nahezu dreißig Jahren praktischer Arbeit mit magischen Gruppen in Europa und den USA habe ich erfahren, daß echte Magier und Hexen aller Pfade höchst *ethische, moralische und verantwortungsbewußte* Menschen sind. Ihre Arbeit dient dem *Licht der Schöpfung*, der Heilung, der Förderung von Bewußtheit und der Wiederentdeckung unseres magischen Erbes. Auf keinen Fall fügen sie Tieren oder Menschen Schaden zu, verhängen Flüche oder initiieren Jugendliche oder zwingen gar andere dazu, Drogen zu nehmen oder an unakzeptablen Praktiken teilzunehmen.

Es ist schwierig, einen persönlichen Lehrer zu finden, obwohl in den letzten Jahren mehr und mehr Lehrer der westlichen Mysterien sich die Zeit nehmen, Kurse abzuhalten. Ein intensiver Kurzlehrgang in Anwesenheit eines erfahrenen Ritualisten Magiers oder einer Hexe kann die inneren Fähigkeiten eines jeden Studenten in Gang setzen. Die Kunst der Magie besteht im wesentlichen darin, kontrollierte Bewußtseinsveränderungen herbeizuführen. Das kann durch regelmäßige Meditation erreicht werden, durch kreative Visualisation und inneres Reisen, durch das Verständnis der Mythen und Symbole und durch fortgesetztes Bemühen um Selbstbewußtheit, inneres Vertrauen und persönliches Wachstum. Der Rest besteht aus Aufputz und psychologischen Spielereien. Die mentalen und übersinnlichen Fertigkeiten, die ich oben erwähnt habe, muß sich jeder Mensch ganz für sich allein aneignen. Eine Gruppe kann nur etwas von der äußeren Arbeit teilen und Kameradschaft anbieten. Sie kann genausowenig für Sie lernen, Ihre »Hausaufgaben« machen oder Ihnen die Erleuchtung handlich und gebrauchsfertig verpackt liefern, wie sie langweilige Klavierübungen oder das Einpauken fremdsprachlicher Vokabeln für Sie übernehmen kann. Wenn Sie magische Macht wollen, müssen Sie dafür arbeiten.

Die offensichtlichste Quelle für magische Lehren sind Bücher. Jedes Jahr werden viele ausgezeichnete neue Bücher von erfahrenen Magiern, Hexen und esoterischen Philosophen veröffentlicht. Natürlich können Sie all diese Bücher kaufen, sie überfliegen, sich den darin beschriebenen Übungen zuwenden, diese ein- oder zweimal halbherzig ausprobieren, keine greifbaren Ergebnisse erzielen und dann entweder erklären »Magie ist Unsinn!« oder jedermann erzählen, daß Sie jetzt der größte Magier des gesamten Universums sind, und auch noch erwarten, daß man Ihnen nicht ins Gesicht lacht. Echte Magie jedoch erfordert Hingabe, regelmäßige und hingebungsvolle Arbeit für Wochen, Monate, Jahre oder den Rest Ihres Lebens. Sie werden sehen, daß Sie reichlich für Ihre Mühen entlohnt werden, wenn auch nicht unbedingt auf der materiellen Ebene. Esoteriker aller Richtungen haben an materiellen Gütern meist gerade genug, aber kaum ein Vermögen. Ihr Schatz besteht aus den Freunden, die Sie haben und behalten, aus dem Respekt, den Sie in Leuten hervorrufen, mit denen Sie sowohl auf der magischen als auch auf der mundanen Ebene in Kontakt kommen, und an der Art, in der sie fähig sind, Ihre Probleme auf konstruktive Weise zu lösen. Sie ernten Liebe und Vertrauen und die Fähigkeit, in Harmonie mit anderen zusammenzuarbeiten, und das ist mehr als man mit Geld bezahlen kann.

Die Zugehörigkeit zu einer Gruppe wird eine tiefe Wirkung auf Sie haben. Jung beschreibt die Idee des kollektiven Unbewußten, in dem die Erinnerungen und Erfahrungen von allen Menschen gespeichert sind und das von geschulten Esoterikern angezapft werden kann. Jede Gruppe von gleichgesinnten Menschen, die zu einem gemeinsamen Zweck zusammenkommen, erzeugt den gleichen Effekt, den sogenannten Gruppengeist, der alle Mitglieder der Gruppe beeinflußt. Das kann für eine Schule gelten oder für einen Fußballklub, aber noch mehr trifft es auf esoterische Gemeinschaften zu. Voll etablierte Gruppen schaffen eine Art inneres Muster, und Menschen, die durch Initiation in die Gruppe eingeführt werden, werden feststellen, daß diese Erfahrung sie verändert. Die vielfältigen Veränderungen, die jede echte Initiation mit sich bringt, sind zum Teil auf diesen Gruppengeist zurückzuführen, der sich aus dem zusammensetzt, was die Mitglieder der Gruppe, ihre Lehrer oder »Kontakte« auf der inneren Ebene dazu beitragen. Nicht jeder genießt diese Erfahrung, denn sie kann sehr beunruhigend sein.

Einer der häufigsten Nebeneffekte jeder Art von magischer Arbeit ist ein erhöhtes Bewußtsein, besonders auf der emotionalen Ebene. Ihre Sensitivität anderen gegenüber wird plötzlich stärker, was oft als unangenehm empfunden wird. Während Sie zuvor als »gewöhnliche« Person Sympathie für andere empfunden und vielleicht ihre Freude und ihren Schmerz geteilt haben, werden Sie plötzlich feststellen, daß Sie von herben Worten oder der Reaktion anderer stark betroffen sind. Wenn Sie über Ihr Interesse an der Magie oder Ihre Arbeit damit sprechen, werden Sie vielleicht ausgelacht, und das schmerzt. Man wird sich vielleicht über Ihre neuen religiösen Ideale lustigmachen, und Menschen, die Ihnen nahestehen, werden Sie schief ansehen. Das ist alles Teil Ihrer Entwicklung, auch wenn es nicht immer angenehm ist.

Wenn Sie in Ihr neues, größeres magisches Selbst hineinwachsen wollen, werden Sie Ihr früheres weltliches Selbst aufbrechen müssen, und das kann ein ziemlich starker Panzer sein, der sich in langen Jahren des defensiven Denkens aufgebaut hat. Ihr emotionaler Schutzschild wird plötzlich sehr unsanft weggerissen, wie der Verband von einer offenen Wunde, und Ihre Nervenenden liegen frei. Sie werden sich vielleicht stark zu anderen Mitgliedern der Gruppe hingezogen fühlen oder das Gefühl einer Art Heldenverehrung für Ihren Lehrer hegen. Sie werden vielleicht darunter leiden, daß Ihr Ehepartner oder Ihre Familie über Ihre neugefundenen Interessen schimpft, aber Sie sind nicht in der Lage, Ihre Gefühle über Ihren neuen Status als »Hexe« oder Eingeweihter mit anderen zu diskutieren. Sie werden sicherlich Unterstützung von anderen Mitgliedern der Gruppe erhalten, die durch ähnliche Traumen gegangen sind, aber selbst sie können Ihren Schmerz nicht lindern oder verhindern, daß Sie mächtige Gefühle haben. Das ist Teil Ihrer Entwicklung zu einem perfekten Selbst, und Wachstumsschmerzen legen sich nach einer Weile.

Eine andere Auswirkung magischer Arbeit besteht in den eigenartigen und engen Beziehungen, die zwischen den Mitgliedern einer Gruppe entstehen können. Es sind weder nur Freundschaften, es geht darüber hinaus, noch sind es notwendigerweise sexuelle Beziehungen. Zwischen den Mitgliedern magischer Gruppen verschiedenster Art gibt es eine starke und bindende Verwandtschaft, die man nicht erklären kann, bis man sie persönlich erfahren hat. Wenn Sie es zulassen, können solche Bindungen obsessiv werden, und weise Lehrer werden achtgeben, daß sich keine ungesunden Verbindungen bilden, denn sie wirken sich auch auf Beziehungen außerhalb der magischen Gruppe aus. Diese werden Ihnen im Rampenlicht Ihrer neu erwachten Sinne vielleicht nicht mehr so ideal erscheinen wie zuvor, aber Sie werden lernen müssen, damit zu leben. Sie können nicht erwarten, daß sich Ihr Partner so verändert, wie Sie es gern hätten und den bequemsten Stuhl am wärmsten Platz aufgibt, damit Sie darauf Ihre täglichen Meditationen abhalten können. Auch können Sie nicht einfach Ihre familiären Pflichten vernachlässigen, weil Sie bestimmte Riten studieren oder durchführen müssen. Die Verantwortung für Ihre gegenwärtige Situation ist ein wesentlicher Teil Ihres Lebens und kann nicht einfach fallengelassen werden, weil Sie ein neues »Hobby« aufgenommen haben. Verpflichtungen sind nicht wie alte Anzüge, die abgelegt werden können, wenn sich die Mode geändert hat. Auch das ist eine magische Grundregel: Schulden aus einem früheren Leben müssen bezahlt, Beziehungen müssen in Ordnung gebracht und Verantwortung muß übernommen werden, auch wenn diese alten Beziehungen Ihnen im grellen Licht Ihrer gerade gewonnenen Erkenntnis bestürzend erscheinen mögen.

Magie ist eine ernsthafte Langzeitverpflichtung, kein Fimmel, dem man sich einige Wochen widmet, bis sich etwas Aufregenderes ergibt. Aus diesem Grund bieten die besten magischen Schulen Ausbildungskurse an, oft Fernkurse, die von einem bis zu vier Jahren dauern. In dieser Zeit können Sie die grundlegenden Künste erlernen, sich eingehend mit der gewählten Mythologie beschäftigen, Strukturen, Muster und Symbole Ihrer Tradition verstehen und schließlich wirklich bereit sein für die Aufnahme in einer Arbeitsgruppe.

In jedem Stadium Ihrer Ausbildung müssen Sie Ihren eigenen Fortschritt ehrlich einschätzen können. Sie allein können beurteilen, wie klar und häufig die Erkenntnisse aus Ihrer Meditation geworden sind und wie Sie sie herbeiführen können, wenn Sie sie brauchen! Es ist nicht gut, vor anderen mit Ihren Offenbarungen zu prahlen; diese inneren Meldungen sind für Sie allein gedacht, zu Ihrer Ausbildung und zur Erweiterung Ihrer Fertigkeiten. Sie müssen ein gutes Erinnerungsvermögen entwickeln, Geduld und innere Stärke, wenn die Dinge schief zu laufen scheinen, und jene kontrollierte Sensitivität, die Ihnen den Schmerz bewußtmacht, den Sie anderen bereiten oder den andere Ihnen zufügen, die Ihnen jedoch gleichzeitig hilft, ihn zu bewältigen. Es gibt wirklich keine Abkürzungen, gleichgültig, was man Ihnen auch versprechen mag. Sie würden ja auch nicht erwarten, nach einer Lektion das Cello wie ein Maestro spielen der ohne monatelange Praxis wie ein Einheimischer Portugisisch sprechen zu können. Genauso ist es auch mit der Magie, aber wenn Sie sie beherrschen, steht Ihnen der Himmel offen.

Schlusswort und Segen

Gesegnet sind jene, die sich auf die endlose Suche begeben,
Gesegnet sind die, die in der Dunkelheit wandeln und das Licht suchen,
Gesegnet sind die, die alle weltlichen Dinge aufgeben und nach den Toren des Paradieses suchen,
Auf daß sie alle Wesen zu ihrem rechten Heim führen mögen.

Grail Catechism
The Grail Seeker's Companion
John Matthews & Marian Green

Magie hat mit Veränderung zu tun, sie zu erkennen, willentlich zu bewirken und zu kontrollieren. Auf einer Ebene geschehen alle Veränderungen im Magier selbst. Seine Rituale sind das Mittel, um Veränderungen einzuleiten und sie nach seinem Willen geschehen zu lassen. Unabhängig vom Zweck eines Rituals, wird ein Teil der Wirkungen den Magier selbst betreffen und ihn dazu bringen, sich zu ändern, zu wachsen und die Welt mit neuen Augen zu sehen. Eine falsche oder unbedachte Handlung kann eine Folge von Ereignissen auslösen, die ernsthafte und weitreichende Konsequenzen haben, und der Ritualmagier, gleichgültig wie grün oder unerfahren er ist, wird letztendlich für jene zukünftigen Ereignisse verantwortlich sein. Bevor man eine magische Handlung durchführt, sollte man daher lange und genau über ihre möglichen Ergebnisse nachdenken und nicht nur das gewünschte Ergebnis voraussehen, sondern auch jedes potentielle Ungleichgewicht, das die ganze Sache ins Wanken bringen kann, wie eine Reihe von Dominosteinen, die unaufhaltsam umstürzt, wenn ein Stein fällt.

Seien Sie vorsichtig, bevor Sie Einweihung suchen oder das übereilte Versprechen ewiger Hingabe an den Pfad abgeben. Die Magie ist ein harter Lehrmeister, ihre Künste sind endlos, und die Arbeit ist lebenslang. Auch wenn Sie vielleicht das Gefühl haben, für die heiligen und geheimen Studien berufen zu sein, haben Sie auch eine Stellung in der Welt, Sie müssen ein Heim erhalten, vielleicht eine Familie versorgen, einem Job nachgehen. Die Magie wird nicht jedes Ihrer Probleme lösen. Sie wird jedoch Ihre Sensitivität erhöhen, so daß Probleme, die Ihnen jetzt unlösbar scheinen, unwichtig werden, wenn Sie sie in einem größeren Zusammenhang und im Vergleich zu den Problemen der Welt sehen, die durch Ihre Verwandschaft mit allem Leben auch zu Ihren Problemen werden. Magie ist keine Abkürzung, keine Möglichkeit, vor den Verantwortungen der Welt gegenüber zu fliehen. Der Ritualtempel ist keine kuschelige Zuflucht vor den Leidenschaften und Konfusionen des Alltagslebens. Magie ist eine Schmiede und ein Schmelzofen, in dem Sie geprügelt und neugeformt werden, auseinandergenommen und wieder zusammengesetzt in dem schmerzhaften Prozeß der persönlichen Entwicklung und des spirituellen Wachstums.

Die magische Kunst des Rituals ist eine ewige, und sie wirkt jenseits der Zeit. Wer sich dieser Fertigkeit widmet, wird vielleicht eine alte Weisheit ernten, deren Samen in vielen Leben vorher gesät wurde, und die unvollendete Arbeit beenden, indem er unerfüllte Verpflichtungen und gebrochene Versprechen einlöst, um jene Aufgaben zum Abschluß zu bringen, die sich sogar im Laufe der Jahrhunderte nicht von selbst erledigt haben.

Indem die sanften Künste der Meditation, der Kontemplation und des kreativen Visualisierens uns die Tore zu den inneren Welten geöffnet haben, und indem wir diese Künste in Logen, Coven oder heiligen Hainen miteinander teilen, können wir große Schritte machen, um uns das gemeinsame Erbe der Menschheit zu erschließen - selbst jetzt, am Ende des technologisch geprägten zwanzigsten Jahrhunderts. Die Künste, an die wir uns jetzt erinnern, die Fertigkeiten und Fähigkeiten, die wir wiedergewinnen, bilden einen soliden magischen Grundstein für die heraufdämmernde Ära. Da wir, die jetzt Lernende sind, in der nächsten Drehung der kosmischen Spirale Lehrer werden, können wir sicherstellen, daß für das höchste Streben der menschlichen Seele gesorgt wird und daß die inneren Sehnsüchte der Menschheit befriedigt werden, denn unsere Erfahrungen werden ihre Nahrung sein, ihr Schutz und Segen im kommenden Zeitalter.

Es liegt ein Segen auf allen, die dienen ...

Marian Green
Bristol, März 1989

Weiterführende Literatur

Ashcroft-Nowicki, Dolores: *Magische Rituale,* Herm. Bauer, Freiburg, 1990

Brennan, James Herbert: *Experimentelle Magie,* Sphinx, Basel, 1990 (3. Aufl.)

Butler, Walter Ernest: *Die hohe Schule der Magie,* Herm. Bauer, Freiburg, 1989 (4. Aufl.)

Butler, Walter Ernest: *Das ist Magie,* Herm. Bauer, Freiburg, 1991

Crowley, Aleister: *Magick 1,* Peyn u. Schulze, Bergen, 1988

Crowley, Aleister: *Magick 2,* Peyn u. Schulze, Bergen, 1987

Crowley, Aleister: *Das Buch Thoth,* Urania, Neuhausen, 1983

Fortune, Dion: *Die mystische Kabbala,* Herm. Bauer, Freiburg, 1990 (2. Aufl.)

Gilchrist, Cherry: *Alchimie,* Aurum, Braunschweig, 1992

Gray, William G.: *Magie. Das Praxisbuch der magischen Rituale,* Goldmann, München, 1992

Green, Marian: *Naturmagie,* Aurum, Braunschweig, 1992

Gregorius, Gregor A./ Crowley, Aleister: *Aleister Crowley's Magische Rituale,* Richard Schikowski, Berlin, 1980

Halevi, Z'ev ben Shimon: *Lebendige Kabbalah,* Kösel, München, 1989

Hope, Murry: *Magie und Mythologie der Kelten,* Heyne, München, 1990

Hope, Murry: *Geistige Selbstverteidigung,* Sphinx, Basel, 1987

Humphrey, Naomi: *Der innere Weg,* Econ TB, Düsseldorf, 1989
King, Serge: *Begegnung mit dem verborgenen Ich,* Aurum, Braunschweig, 1991
Leuenberger, Hans-Dieter: *Das ist Esoterik,* Herm. Bauer, Freiburg, 1992 (5. Aufl.)
Lindenberg, Wladimir: *Riten und Stufen der Einweihung,* Aurum, Freiburg, 1988 (2. Aufl.)
Markham, Ursula: *Visualisieren,* Aurum, Braunschweig, 1992
Matthews, Caitlìn: *Die Göttin,* Aurum, Braunschweig, 1992
Matthews, John: *Der Gral,* Aurum, Braunschweig, 1992
Matthews, Caitlìn u. John: *Der westliche Weg* (2 Bd.), Rowohlt TB, Reinbek, 1988/89
Miller, Richard A. u. Iona: *Das magische Parfum,* Aurum, Braunschweig, 1991
Möller, Jens M.: *Geomantie in Mitteleuropa,* Aurum, Braunschweig, 1992 (2. Aufl.)
Nardini, Bruno: *Mysterien und Geheimlehren,* Aurum, Braunschweig, 1990
von Prônay, Alexander: *Mithras und die geheimen Kulte der Römer,* Aurum, Freiburg, 1989
Regardie, Israel: *Das magische System des Golden Dawn,* Herm. Bauer, Freiburg, 1987
Regardie, Israel: *Die Elemente der Magie,* Rowohlt TB, Reinbek, 1991
Sicuteri, Roberto: *Astrologie und Mythos,* Aurum, Braunschweig, 1993 (2. Aufl.)
Tegtmeier, Ralph: *Runen - Alphabet der Erkenntnis,* Urania, Neuhausen, 1992
Willis, Tony: *Die Kraft der Runen,* M & T, Chur, 1986